너는 내 것이라

디지털 세대를 위한 성경적 성교육 • 1
미디어와 음란물 편

너는 내 것이라

지은이 | 김지연
초판 발행 | 2020. 4. 24.
21쇄 발행 | 2024. 9. 27.
등록번호 | 제1988-000080호
등록된 곳 | 서울특별시 용산구 서빙고로65길 38
발행처 | 사단법인 두란노서원
영업부 | 2078-3333 FAX 080-749-3705
출판부 | 2078-3331

책 값은 뒤표지에 있습니다.
ISBN 978-89-531-3741-7 04230

독자의 의견을 기다립니다.
tpress@duranno.com   http://www.Duranno.com

두란노서원은 바울 사도가 3차 전도여행 때 에베소에서 성령 받은 제자들을 따로 세워 하나님의 말씀으로
양육하던 장소입니다. 사도행전 19장 8-20절의 정신에 따라 첫째 목회자를 돕는 사역과 평신도를 훈련시
키는 사역, 둘째 세계선교(TIM)와 문서선교(단행본·잡지) 사역, 셋째 예수문화 및 경배와 찬양 사역, 그리고 가
정·상담 사역 등을 감당하고 있습니다. 1980년 12월 22일에 창립된 두란노서원은 주님 오실 때까지 이 사
역들을 계속할 것입니다.

디지털 세대를 위한 성경적 성교육 · 1

김지연 지음

You are mine

너는 내 것이라

미디어와
음란물 편

40th
배드성도 40주년
1980-2020
두란노

CONTENTS

03

음란물과
전쟁하라

04

성경적인
옷차림을 하라

지금 우리 사회는 온통 '성(性)'과 관련된 문제로 몸살을 앓고 있습니다. 특히 우리나라의 미래이자 꿈인 자녀들이 어그러진 '성개념'으로 점점 병들어가고 있습니다. '성'은 하나님이 인간에게 허락하신 놀라운 선물이자 축복입니다. 하지만 사탄은 이 땅의 교회와 가정, 그리고 사회를 철저히 파괴하는 도구로 '성'을 사용하고 있습니다. 여기에 속수무책으로 모두가 무너지고 있습니다. 어쩌면 평범한 가정주부요 엄마로 살았던 김지연 약사님을 전쟁의 한복판으로 뛰어들게 한 이유도 바로 이것일 것입니다. 이 시대에 김지연 약사님과 같은 분이 있다는 것이 얼마나 다행이고 감사한 일인지 모르겠습니다. 현장에서 다 나누지 못한 이야기를 이 책을 통해 충분히 그리고 아주 쉽게 설명해 주고 있습니다. 이 책이 널리 읽히고 알려져 무너져 가는 가정과 차세대를 일으키는데 귀한 도구로 사용되기를 간절히 바랍니다. 이에 이 책을 적극 추천해 드립니다.

곽승현 거룩한빛광성교회 담임목사

김지연 대표는 천국의 보배입니다. 저자를 보배라고 하는 데는 그럴 만한 이유가 있습니다. 김지연 대표는 용기(勇氣)와 지혜(智慧)와 은혜(恩惠), 요약해서 '기지은(氣智恩)'의 지도자이기 때문입니다.

저자는 기(氣), 즉 용기가 있습니다. 속으로는 안타까워하고 뒤에서는 투덜거리면서도 정작 앞에서는 침묵하는 비겁한 대중 앞에서 저자는 불같이 뜨거운 용기를 냅니다.

너는 내 것이라

김지연 대표는 지(智), 즉 지혜가 있습니다. 뜨거운 가슴(heart)의 열정과 얼음같이 차가운 머리(mind)의 지혜를 겸하지 못하는 대중 앞에서 그는 성경적 가치관에 관해 뜨거우면서도 냉철한 지혜를 발휘합니다.

또 은(恩), 즉 은혜가 있습니다. 삶이 힘겨워 몸부림치면서도 하나님의 은혜 앞에 나가지 않는 대중 앞에서 그는 하나님께서 "불말과 불병거"로 호위해 주신 도단 성의 엘리사처럼 늘 주님의 은혜를 간구하는 사람입니다.

끝으로 영전(靈戰)의 거장(巨將)입니다. 하나님이 죄라고 하신 것을 인간이 죄가 아니라고 프레임을 바꾼 뒤 그것을 법제화하고 오히려 진리를 외치는 기독교인에게 '혐오 프레임'을 덮어씌워 입을 틀어막는 사람들에게 저자는 그들을 혐오하는 것이 아니라 사랑해서, 그들이 파멸의 굴레에서 벗어나 진정한 자유를 누리기를 바라며 전쟁을 치르고 있습니다.

천국의 보배요 영전의 거장인 김지연 대표의 이 책이 널리 알려져서 "백성이 지식이 없으므로(호 4:6)" 망하지 않도록 하고, "힘써 여호와를(호 6:3)" 알게 하여 예수 그리스도 안에서 복음의 승리와 자유를 누리게 되길 바랍니다.

권성수 대구동신교회 담임목사

하나님이 만드신 생명과 결혼 제도 같은 아름다운 질서를 인권, 다양성, 존중과 배려, 성적 자기 결정권, 휴머니즘과 관용주의 등 각종 현란한 프레임을 갖다 붙여 파괴하고 있습니다. 성경에서는 분명히 죄라고 명시된 것들도 이제는 더 이상 죄가 아니며 하나의 상대적 가치로 보자고 포용하고 있습니다.

이 책을 읽고 나면, 성경이라는 안경을 쓰고 세상 구석구석을 바라볼 수 있습니다. 비록 자녀 앞에 당당하거나 떳떳한 부모가 아닐지라도 모든 죄를 사해 주신 십자가 사랑에 의지하여 성경적 가이드라인을 가지고 아파하며 무너져 가는 차세대를 가르칠 수 있습니다. 성경 말씀에 순종하느라 고군분투하는 모든 크리스천 양육자와 차세대에게 바른 성경적 가치관을 심어 주고, 하나님과 함께 거룩한 성읍을 늘려 가고자 하는 모든 이에게 강력한 무기가 되어 줄 책입니다.

김동현 제자들교회 담임목사

한국가족보건협회가 주관한 '국제 생명주의 성가치관 교육을 위한 포럼'에 참석했다가 낙태를 고민하는 청소년의 고민을 들을 기회가 있었습니다. 이 문제는 단순하지 않습니다. 우리는 그에게 아이를 지우라고 할 수 없습니다. 그렇다고 그 청소년이 아이를 키울 수도 없습니다. 이런 상황에서는 국가가 문제해결을 고민해야 하고, 우리 어른들이 대안을 마련해 주어야 합니다.

그러면 어떻게 해야 할까요? "어릴 때부터 성교육을 제대로 해야 한다. 사회적 차원에서 그들을 어떻게 구제하고, 도울 것인지 대책을 마련하고, 낙태 방지를 위한 인프라를 구축해야 한다. 아이들에게 생명을 중시하는 사상을 심어 주어야 한다." 사람들은 이런저런 이론과 원칙을 제시하곤 합니다. 말하는 사람은 많은데, 실질적인 도움은 별로 없습니다. 우리는 이 점을 기억하면서 청소년의 성문제에 접근해야 합니다.

우리 사회의 성가치관이 무너지고 있는 것이 사실입니다. 미디어의 악영향과 급진적인 성교육의 폐해와 생명을 경시하는 풍조가 전통적 성가치관을 무너뜨리고, 가치관에 혼란을 일으킵니다. 자기 결정권을 보

너는 내 것이라

십시오. 성적 자기 결정권이 있으니 자기 마음대로 성관계를 할 수 있다고 말합니다. 그러나 많은 심리학자가 연구한 바에 따르면, 자기 마음대로 하는 사람들은 결국 심리적으로나 정서적으로나 정신적으로나 육체적으로 망가진다고 합니다. 겉으로는 그들의 라이프스타일이 굉장히 멋지고 자유로워 보이지만, 이면에는 인간을 파괴하는 무서운 것들이 도사리고 있다는 것을 아무도 얘기하지 않습니다. 그것이 청소년들에게 미치는 폐해가 심각하다는 것은 크리스천뿐 아니라 일반인들도 잘 아는 내용입니다.

결혼은 하나님이 창조하신 원리요 제도입니다. 그러므로 그것을 어길 때 오는 폐해가 매우 심각합니다. 하나님의 원리를 마구 어긴 뒤에 감당해야 하는 결과는 너무나 비참하다는 것을 기억해야 합니다. 그러나 옳은 것이라도 듣기 싫은 이야기를 하면 손가락질을 받는 시대가 되었습니다.

용기 있게 바른 성교육을 가르치는 한국가족보건협회 김지연 대표의 활동이 더욱 확장되기를 축복합니다. 신학교 총장으로서만 아니라 크리스천으로서 국민으로서 부모로서 여성으로서 개인으로서 이 책의 출간에 감사하고, 이 책이 사회에 선한 영향력을 주기를 바랍니다.

김윤희 햇불트리니티신학대학원대학교 총장

내가 만난 김지연 대표는 백년전쟁 시기에 프랑스를 구한 잔 다르크를 연상케 합니다. 그런 분이 한국 사회와 다음세대의 성경적 성가치관을 위해 탄탄한 내용을 바탕으로 쓴 귀한 이 시리즈를 출간한 것은 민족을 구하는 일처럼 값지다고 생각합니다.

김종원 경산중앙교회 담임목사

저는 개인적으로 성이슈에 민감한 지역에서 첫 목회 사역을 시작했습니다. 어렸을 때부터 보수적인 신앙 교육을 받고 자란 저에게는 큰 도전이 아닐 수 없었습니다. 이미 1992년에 성전환한 학생이 여대 졸업식에 참석하는 것을 보았으며, 동성 결혼을 인류애의 최고 모범인 양 가르치는 미국 교회의 건물을 빌려 예배를 드렸기 때문입니다. 지금 표면화되고 있는 이슈들은 기어코 올 것이 온 상황이며, 여기에 정치적 입김까지 불어오니 우리는 떠밀려 피할 수 없는 시간이 되었습니다.

캘리포니아 공교육의 혼란스러움으로 많은 크리스천의 자녀 교육이 불투명해진 상태에서 때마침 김지연 대표의 이 책이 나와서 기쁩니다. 성경적 근거가 탄탄한 성교육으로 하나님의 창조 질서를 가르치고 총체적이면서 실질적인 가이드라인까지 제시하고 있습니다.

지금 사탄의 공격은 교묘하고 혼란스럽기까지 합니다. 이때에 바른 성에 관한 성경적 근거와 정확한 자료를 바탕으로 과학적으로 접근하는 저자의 가르침은 가뭄 속에서 만난 시원한 소나기 같습니다. 성에 대해 더 이상 쉬쉬할 것이 아니라, 올바로 가르쳐야만 하는 절박한 때가 왔습니다. 다음세대의 교육과 교회 내에서 바른 성 역할을 가르쳐야 하는 목회자와 교회학교 선생님에게 이 책을 강력히 추천합니다.

김한요 남가주 베델교회 담임목사

이 시대는 왜곡된 성가치관, 가족관, 결혼관, 생명관이 은밀하게, 때로는 노골적으로 차세대에게 스며들어 그들이 영적인 위기를 겪고 있습니다. 내가 태어날 때 받은 성(엄격히는 난자와 정자가 수정되는 순간 결정된 성)을 무시하고 내가 느끼는 대로 성을 바꿀 수 있는 시대이기도 합니다. 과연 이것이 옳은가에 관한 물음에 속 시원한 대답을 해 주는 책이 나와

너는 내 것이라

서 무척이나 반갑습니다.

이 책은 다음과 같은 특징을 가지고 있어서 읽을 만합니다. 첫째, 의료인으로서 저자는 풍성한 전문 데이터를 가지고 문제를 하나하나 풀어 가고 있습니다. 둘째, 연구자로서 저자는 미국과 영국 등 해외의 실제 사례들을 넉넉하게 연구하여 제시함으로써 성정체성의 혼란이 본인과 가족들에게 얼마나 큰 피해를 미치는지를 알려주고 있습니다. 셋째, 무엇보다도 진리의 탐구자로서 저자는 성경적인 근거를 명료하게 제시하고 있습니다. 원어 성경의 히브리어와 헬라어를 동원하면서까지 말입니다.

창조주 하나님이 질서대로 만드신 것을 무시하고 이치를 거스르는 '역리'로 치닫고 있는 이때, 바른 성가치관을 알려주고 하나님과의 관계가 끊어진 이들에게 회복과 자유를 주는 책이 되길 바라며 강력하게 추천합니다.

박성규 부전교회 담임목사

김지연 대표님을 보면 하나님이 세우신 전사 같습니다. 대표님은 성경 말씀을 절대 진리로 믿으며 창세기 1장부터 목숨을 다해 지키기 위해 힘을 다할 뿐 아니라 많은 사람을 "마땅히 행할 길(잠 22:6)"로 인도하기 위해 올인하고 있습니다. 특히 잘못된 성개념에 속아서 하나님을 떠나 자유를 억압당하고 스스로 망가뜨리는 삶을 사는 차세대를 보면, 지체 없이 뛰어가 도와주고 다시 일으켜 세웁니다. 삶으로 보여주는 성교육의 중요성을 일깨워 주고 전 세계적으로 행해지는 반기독교적인 글로벌 성혁명의 실태를 면밀하게 보여 주며, 죄악의 쓰나미를 이길 수 있는 실질적인 방법까지 담고 있는 이 책을 강추합니다.

박신웅 얼바인 온누리교회 담당목사

김지연 대표를 뵐 때마다 식지 않는 열정을 느낍니다. 그토록 공격받으며 외로운 길을 가다 보면, 지칠 만도 하고 실망할 만도 한데 눈은 더욱 반짝거립니다. 순수함, 지혜로움, 그리고 주님을 향한 사랑과 다음세대를 향한 애절한 마음 등, 저자를 떠올리면 생각나는 단어들입니다. 뿌리 깊은 나무는 흔들리지 않듯이, 저자의 이런 내공은 양가의 오랜 신앙전통에 기인한 것을 알게 되었습니다.

이번에 출판한 책은, 저자가 목회자가 아니기에 더 큰 장점을 발휘합니다. 더욱 넓은 안목과 세상을 관통하는 식견과 전문성이 돋보입니다. 이 책을 읽고 나면, 약사 출신의 평범한 주부이자 어머니인 저자가 왜 비뚤어진 비성경적 성이데올로기와 맞서 싸우는 영적 전사가 되어야만 했는지 독자는 이해하게 될 것입니다. 분명한 데이터와 사례를 통해 논리적으로 기술함으로 동성애자와 옹호론자, 그리고 교회 안에 널리 퍼진 무관심한 성도들과 동정론자들에게 큰 설득력이 있고, 파괴력이 있습니다.

책 내용에 종종 등장하는 저자가 겪은 실례들은 독자들에게 동병상련을 일으킵니다. 내 자식의 이야기 같고, 내 가족의 이야기 같기 때문입니다. 그래서 이 책은 대단히 실제적입니다. 가정의 가치, 성경 말씀의 가치, 그리고 도덕과 윤리의 중요성을 강조함으로써 그 대안을 스스로 찾게 합니다. 부모로서 그동안 가정에서 자녀들에게 놓치고 살았던 그리스도인의 삶의 모습을 돌아보게 만들고, 어떤 가정을 이루어야 하며, 성의 중요성도 자연스레 느낄 수 있는 탁월한 책입니다.

교회에서 리더들이 성도들과 함께 스터디 교재로 사용해도 좋을 것 같고, 가정에서 사춘기 전후의 자녀들과 함께 읽고 적용해도 유익한 책입니다. 나무는 그 열매를 통해서 알 수 있습니다. 책 내용도 좋지만, 이 책을 저술한 김지연 대표, 그 자체를 신뢰하기에 이 책을 기쁘게 교회와 성도들에게 추천 드립니다.

박한수 제자광성교회 담임목사

아직도 기억이 납니다. 제 큰아들이 데이트를 하게 되었다는 소식을 들었을 때를요. 일 년 중 절반은 해외를 다니며 가난한 어린이들을 예수님의 이름으로 양육하는 한국컴패션 대표로 있다 보니, 자녀들 양육은 거의 아내에게 맡겨 두는 편이었습니다. 그럼에도 아이들에게 아버지가 꼭 필요한 중요한 순간에는 최선을 다해 곁에 있고자 했습니다.

저희 세 아들만을 위한 성경 통독 캠프를 열기도 하고, 큰아들이 사회에 나갈 때에는 남자들만의 여행을 떠나기도 했지요. 그런 제가 정말 중요시하는 것이 바로 '신사적 데이트'입니다. 여기에 성교육이 안 들어갈 수 없지요. 아버지로서 아들에게 성교육을 한다는 것이 민망할 수도 있습니다. 하지만 아들들을 사랑하기 때문에, 또 아들들이 만들어 갈 멋지고 행복한 가정을 그려 보고자 하기에 양보할 수 없는 시간입니다.

개발도상국 현지를 다녀 보면, 가난으로 말미암아 무너진 가정들이 너무나 많습니다. 그리고 그 속에서 자란 아이들이 성적으로 잘못된 방식으로 착취당하는 장면도 숱하게 봅니다. 컴패션은 가난 속에 있는 전 세계 25개국 200만 명의 어린이들을 양육하고 있습니다. 이 어린이와 청소년들에게 남녀의 신체적 차이를 꼭 가르칩니다. 하나님의 형상으로 만들어진 우리가 얼마나 아름다운지를 내면의 아름다움이라는 커리큘럼과 함께 어릴 때부터 가르칩니다. 이어 아름다운 가정과 결혼에 대해서도 가르치죠. 이로써 어린이들은 자신을 지키고 방어합니다. 그리고 상대를 존중하는 법을 배웁니다.

그런데 성은 왜 그렇게 왜곡되고 이용당할까요? 그만큼 소중하고 귀하며 근본적으로 정체성에 영향을 주기 때문이지 않을까요? 요즘과 같이 내면이 무너지기 쉬운 디지털 환경을 생각할 때, 이 책은 하나님의 형상인 우리 자녀들의 행복한 미래를 지키려는 모든 부모님에게 최고의 무기가 될 것입니다. 하나님의 말씀과 전문적 지식은 물론, 자녀들의 미래를 지키고자 하는 도전과 격려까지 함께 받으시기 바랍니다. 진심으로 자신을 사랑하고, 그 사랑으로 다른 이를 지키고자 하는 분들께 이 책에 담긴 아름다운 열심을 선물하고 싶습니다.

서정인 한국컴패션 대표

부모가 청소년 자녀들의 성교육을 하는 지침서가 출간된 것을 매우 기쁘게 생각합니다. 한국 교회의 성교육 현장을 고려할 때, 부모와 교사 및 교회학교 청소년 사역자들에게 이 책이 꼭 필요하다고 생각합니다. 특히, 이 책은 다음과 같은 점에서 필독서가 되어야 할 것입니다.

첫째, 성을 문화적인 차원에서 접근하였습니다. 성은 항상 우리 문화를 통해서 다가오기 때문에 성문제를 문화 차원에서 기술한 것은 매우 효과적인 접근이라고 생각합니다.

둘째, 이 책은 학자가 빠지기 쉬운 학술적 논의나 이론 중심이 아니라 우리 삶의 현장과 성문화의 현실을 잘 소개하고 묘사하고 있어 매우 현장감이 있고 설득력이 있습니다.

셋째, 이 책은 부모의 입장에서 접근하였습니다. 성교육의 주체 중에는 부모, 학교 교사, 교회 사역자, 혹은 상담 전문가가 있습니다. 그중에서 가장 중요한 주체는 부모입니다. 이 책은 자녀를 가르치는 부모를 위해 성교육의 기본 자세까지 세세히 소개하고 있어 매우 바람직해 보입니다.

넷째, 성교육의 필요성을 절실하게 잘 표현한 책입니다. 우리 자녀들이 하나님 안에서 거룩한 자녀로서 성장하기를 기대한다면, 당연히 자녀들에게 성에 대한 성경적 관점을 확실하게 교육해야 합니다. 그런 점을 잘 표현한 책입니다.

다섯째, 이 책은 동성애 문제를 가슴으로 외치며, 교회를 비롯한 수많은 곳에서 동성애의 문제점을 가르쳐 온 현장 실천가로서의 열정이 담긴 책입니다. 그런 저자의 마음과 열정을 읽을 수 있어 더욱 마음이 가는 책입니다. 강연으로만 그치지 않고, 성경적 토대, 법 제정의 필요성, 의학적 시각의 효율성 등을 균형 있게 고려하며 행동해 온 실천가의 책이라는 점이 우리에게 큰 울림을 줍니다.

이 책을 통해 부모들이 자녀 성교육에 관한 큰 도움을 받기를 바랍니다. 성경적 성교육의 바람이 한국 교회를 도전하고, 한국 사회 전체에 성교육의 중요성을 알림으로써 교회와 사회 전체가 성 문제를 더욱 심도 있게 인식하고, 올바로 다루는 놀라운 열풍이 일어나기를 간절히 소망합니다.

오규훈 장로회신학대학교 목회상담학 객원교수, 전 영남신학대학교 총장

건강한 가정의 부재는 이 시대의 비극입니다. 오늘날 우리가 목도하는 고통스러운 사회 현상의 뿌리는 거의 예외 없이 가정의 문제와 연결되어 있습니다. 세상은 가정을 세우는 일보다 개인을 세우는 일을 더 우선으로 하고 있습니다. 이러한 시대적 흐름은 시간이 지날수록 우리 사회와 개인의 삶을 왜곡하고 질식시킬 것입니다.

그러나 우리에게는 이미 건강한 가정의 부재에서 비롯되는 모든 문제를 해결할 수 있는 놀라운 열쇠가 있습니다. 하나님께서 축복하신 성

경적 가정을 바로 세우는 것입니다. 이것이 없이는 가정에 대한 세상의 수많은 전문가의 견해나 저술이나 연구조차 백약무효일 것입니다. 가정의 해체가 일상이 되어 버린 지금, 성경적 성가치관에 기준을 둔 김지연 대표의《디지털 세대를 위한 성경적 성교육》시리즈가 출간되어 얼마나 다행스럽고 감사한지 모릅니다.

성경 인물 가운데 요셉은 청년 시기에 자신의 몸을 지킴으로써 자기 혼자만 산 것이 아니라, 당시 기근으로 인해 고통당하는 온 나라와 주변 나라들을 살렸습니다. 김지연 대표의 이 시리즈가 이 시대의 요셉 같은 인물을 배출하는 데 귀하게 쓰임 받는 은총의 통로이자 은혜의 저수지 역할을 하게 되기 바랍니다.

모든 주일학교 교사, 믿음의 부모들이 이 책을 필독서로 곁에 두고, 줄을 치며 읽고 체화하여 가정에서부터 생생하게 적용한다면, 이 시대의 아픈 가정과 청소년들을 바로잡는 데 큰 축복이 될 것입니다.

오정현 사랑의교회 담임목사

창조주 하나님은 우리 모두가 기쁨에 넘치는 삶을 살아가기를 원하십니다. 처음 가정을 에덴(Eden)동산, 즉 즐거움의 동산에 살게 하신 깊은 뜻이기도 합니다. 하나님은 가정의 질서가 깨어질 때의 아픔과 혼란을 예견하셨습니다. 불순종으로 인하여 사람이 에덴동산에서 추방당하는 모습에 얼마나 가슴이 아프셨는지, 예수 그리스도의 십자가를 예비하시고, 그 사랑으로 잃어버린 낙원, 곧 실낙원을 회복시켜 주셨습니다. 복낙원 시대를 열어 주신 것입니다.

생명과 가정의 가치는 개인과 사회의 건강성을 담보합니다. 인간의 타락은 성적인 무질서와 맞닿아 있습니다. 그러므로 건강한 가정과 사회를 이루기 위해서는 성경적 가치를 바탕으로 한 세계관으로 남성과 여성의 정체성을 회복하는 것이 급선무입니다. 이 책의 저자인 김지연 대표는 가정의 회복이라는 우리 시대의 요청을 소명으로 알고, 몸과 마음을 다하여 달려 온 국보적 인물이라 확신합니다. 성경적 원리를 바탕으로 온 힘을 다해 써 내려 간 이 책은 올바른 성교육과 가정 회복에 생기를 불어넣어 줄 것입니다.

오정호 새로남교회 담임목사, 제자훈련목회자협의회(CAL-NET) 이사장

예수님과 24시간 동행하며 누리는 참 행복을 경험해야 할 차세대가 신앙생활 하는 데 많은 장애물을 만나고 있습니다. 그 중 강력한 장애물은 바로 반성경적 성문화와 성교육일 것입니다. 예수님과 함께 성화의 길을 걷기 위해서는 무엇보다 성경적 가치관이 올바로 세워져야 합니다.

김지연 집사님이 쓴 이 시리즈는 여느 성교육 책과는 다릅니다. 성지식에 말씀을 장신구처럼 얹어서 들려주지 않고 생명과 경건에 관련된 교육을 오로지 복음에 기초하여 들려주고 있습니다. 그러면서 전문가도 인정할 만한 탄탄한 데이터를 제시하고 있습니다. 해외 사례를 비롯해 성교육을 통해 만난 다양한 사례를 들려주어 쉽고 구체적입니다. 이 책은 우선 부모가 성경적 관점, 세계관, 가치관을 확립하도록 도울 것입니다. 또 반성경적인 성문화와 맞서 싸울 무기를 장착하고 말씀대로 살 수 있는 영적 토양을 만들어 줍니다. 우리 자녀들이 임마누엘이신 주 예수님과 친밀히 동행하는 삶을 살도록 이끌어 줄 선한 도구입니다.

유기성 선한목자교회 담임목사

이 세상은 내가 주인이라고 가르치지만, 성경은 인생의 주인은 하나님이라고 분명하게 말씀합니다. 내 인생의 주인은 나이며 내 마음대로 사는 것이 권리라고 가르치는 시대에 그렇지 않다고 외치며 전국을 누비는 김 대표의 강의는 잠든 영혼, 식물인간 상태의 영혼들을 깨웠습니다. 먼저 깨어난 주님의 자녀는 배운 대로 가르쳐 지키게 해야 할 사명이 있습니다.

공교육은 스스로 주인이 되어 살라고 교육합니다. 우리의 다음세대를 공교육에 내맡기기만 해서는 안 됩니다. 인생의 주인은 하나님이라고 분명하게 가르쳐야 합니다. 마땅히 가르쳐야 할 바를 가르쳐 자녀의 영혼 구원에 열정을 쏟아야 합니다. 지금은 너무나 악한 때이기 때문입니다. 이 책은 세상의 타락한 교육에서 우리 자녀들을 건져 내어 거룩하게 가르칠 내용, 즉 근본적인 것부터 가볍게 실천할 수 있는 방법들까지 알차게 소개하고 있습니다.

바른 신학에 기초한 성경적 가이드라인을 제공하고 있으며, 거짓되고 왜곡된 허상을 깨뜨릴 여러 자료가 풍부합니다. 양육자가 먼저 읽고 무장하여 가르친다면, 세상에 맞서 승리할 예리한 검을 다음세대의 손에 쥐어 줄 수 있을 것입니다. 우리 자녀가 우리 동역자가 되지 못한다면, 그들은 우리 대적이 되어 우리 마음을 후벼 팔 것이며 우리 노후도 평안하지 못할 것입니다. 다음세대를 잃어버리지 않고, 그들을 주님 앞에 거룩하게 세우기 위한 저자의 눈물과 땀이 밴 노력의 이야기가 독자의 식은 가슴을 두드려 뜨겁게 할 것입니다. 교역자, 학부모, 교사 모두 이 책을 일독하시기를 권합니다.

육진경 전국교육회복교사연합 대표, 서울 상도중학교 교사

너는 내 것이라

하나님이 주신 소중한 선물 중 하나인 성이 오히려 우리 시대와 특별히 다음세대들에게 아픔을 주고 있는 지금의 현실은 너무나 안타깝고 가슴 아픈 일입니다. 모두가 문제의 중요성과 심각성을 잘 알고 있지만, 실제적이고 구체적인 대안과 방법을 마땅히 찾지 못하고 있는 것도 사실입니다. 특히 미디어와 학교 현장에서 비성경적인 성가치관과 성교육이 무분별하게 무차별적으로 전달되는 현실은 의식 있는 많은 학교 및 교회 교사와 학부모들의 마음을 암담하고도 두렵게 하고 있습니다.

그러나 우리는 성경과 역사를 통해 하나님이 때마다 다윗처럼 당신 마음에 맞는 사람을 택하셔서 자기 뜻을 행하고 이루시는 것을 볼 수 있습니다. 이 같은 하나님의 선하신 손길은 우리의 견고한 소망입니다.

이번에 김지연 대표님을 통해 비성경적 성교육의 내용과 그에 따른 문제를 분별하여 올바른 판단을 할 수 있는 책이 출간된 것은 이 시대와 다음세대를 향한 하나님의 선물이라고 생각합니다. 특별히 올바른 성경적 성가치관과 성교육을 할 수 있는 좋은 지침서 역할을 할 내용을 담고 있어 개인적으로 정말 감사한 마음입니다. 교회에서 다음세대를 섬기는 교회와 학교의 교사들, 부모님들, 나아가 이 시대 모든 세대에 꼭 필요한 책이라고 생각되어 간절한 마음으로 추천합니다.

이강주 광주향기교회 담임목사, HCS 기독사관학교 설립자

성(性)을 둘러싼 논쟁의 시대, 우리는 그 치열한 세대를 살고 있습니다. 세태에 걸맞게 '글로벌 성혁명'이라는 표현도 결코 낯설지 않습니다. '성혁명'은 교회 현장마저 아노미 상태에 빠뜨릴 만큼 파괴력 강한 현시대의 정신으로 군림하고 있습니다. 지난 200여 년 동안 반기독교적 성혁명 사상가들과 활동가들이 치밀하게 조직적으로 세워 온 사상 체

계와 그들의 행동 강령이 교회와 사회를 공략하고 있습니다. 성경적 세계관과 하나님의 창조 원리를 무너뜨리려고 울어 대는 사자처럼 말입니다.

하나님의 형상 파괴를 더욱 가속화시키는 이런 성혁명을 이 시대의 진보 사상으로 둔갑시킨 것은 사탄의 사특한 계략입니다. 이런 사조를 비판하고 저항하는 이들을 시대에 뒤진 사람으로 취급하고, 나아가 법적으로 제한하고 구속하는 일들이 이제 한국 사회는 물론 지구촌의 일상이 되어 가고 있습니다. 이러한 때, 저자의 이 책은 성 관련 윤리 담론과 교육 지침을 크리스천 가정이나 교회 안으로만 제한하지 않고, 누구나 쉽게 읽고 공감할 수 있는 유용한 지식과 실제적 지침으로 제시하고 있습니다.

이 책에서 저자는 오염된 성문화는 성규범 해체로 이어져 인간성 상실과 가정 해체, 나아가 기독교 해체로 귀결됨을 다양한 예시를 들어 객관적 정보와 논리적 언어로 풀어냅니다. 이제껏 저자는 사단법인 한국가족보건협회 대표 이사와 차세대바로세우기학부모연합 상임 대표를 맡아 성경적 성가치관을 다양한 방식으로 전파해 왔습니다. 이번에는 성혁명 이면에 도사린 음란한 실체와 그 세력을 무장해제시킬 영적 매뉴얼이 될 책을 통해 독자들과 만날 것입니다. 왜곡된 성문화에 깊이 물든 디지털 세대를 바르게 인도하고자 하는 분들이면 누구나 읽어야 할 필독서로 이 책을 추천합니다.

이상명 미주장로회신학대학교 총장

김지연 대표의 이 책은 하나님의 말씀에 기반한 성경적 성가치관을 폭넓게 다루는 책입니다. 성경을 보면 '성'이라는 단어를 단독으로 쓴

너는 내 것이라

예가 없으며 결혼, 출산, 남자, 여자, 간음, 순결 등 구체적인 주제 속에서 연계되어 존재한다는 내용이 인상 깊었습니다. 그런 면에서 이 책은 다른 성교육 책들과는 확연히 다릅니다. 성경에 정통한 성교육 교과서로서 목회자, 교사, 학부모에게 너무나 큰 도움이 되는, 오랜 가뭄 끝에 만나는 단비처럼 아주 귀한 책입니다. 성경을 기반으로 하고 있어서 남녀 차이부터 이성 교제, 결혼, 출산, 임신, 생명, 가족에 이르기까지 이른바 성에 관한 모든 것을 가르치고 양육하기에 아주 좋은 지침서입니다. 술술 읽히면서도 심오한 깊이가 있습니다.

세상은 잘못된 성문화를 가르치고 있습니다. 성만을 강조하여 가르침으로써 인간의 성적 욕구를 강조하고, 그로 인해 성에 지나치게 노출된 아이들은 성애화를 겪습니다. 텔레그램 'n번방' 사건을 접하면서 근본적인 질문이 생겼는데, 그 답을 이 책에서 찾은 것 같습니다. 현재 성교육의 부작용이 무엇이고, 제2의 '조주빈'이 탄생하지 않게 하려면 어떻게 해야 할지를 이 책을 통해 알 수 있습니다. 모든 주일학교와 가정에서 이 책을 활용하기를 강력하게 추천하는 바입니다.

이영훈 여의도순복음교회 담임목사

이 시대 혼란의 중심에는 성정체성의 혼란이 있습니다. 남자와 여자의 성구별을 없애려는 시도만이 아니라 남성됨과 여성됨이 어떤 의미인지 잘 알지 못함으로 인한 혼란까지 혼돈의 영이 매우 깊고 넓게 영향을 미치고 있습니다. 이를 해결하기 위해서는 하나님의 창조 질서 안에서 성을 이해하는 길밖에 다른 길은 없습니다. 성경적 성교육이 절실히 필요한 이유입니다.

성경은 기록될 당시의 세상에 존재했던 성정체성의 혼란을 그대로 보여 주면서 타락한 세상의 중심에 성적 타락이 있음을 증거합니다. 하나님이 인간을 하나님의 형상대로 만드시되 남자와 여자로 창조하시어 이루고자 하신 질서는 성가치관의 회복으로만 이해할 수 있습니다. 김지연 대표님의 모든 사역은 하나님의 창조 질서를 회복하는 데 있습니다. 무너진 성가치관을 바로 세우고 한국 교회와 사회를 올바로 세우는 데 이 책이 귀하게 쓰임 받게 되리라 믿습니다.

이재훈 온누리교회 담임목사

"모든 지킬 만한 것 중에 더욱 네 마음을 지키라 생명의 근원이 이에서 남이니라(잠 4:23)"라는 말씀처럼 우리는 다음세대의 마음을 지키는 데 온 힘을 쏟아야 하는데, 좋은 대학과 좋은 직장만을 위해 관심을 쏟으며 최고의 스펙을 만드는 것이 부모의 사랑이라고 착각하며, 그 일에만 헌신하고 희생하는 부모님들을 너무나 많이 봤습니다. 오랜 기간 사탄은 미디어, 음란물, 학교의 잘못된 성교육 등을 통해 다음세대의 가족관과 세계관과 생명관을 무너뜨리는 데 성공해 왔습니다.

이 책은 세상에 빼앗긴 자녀들의 마음을 다시 하나님께로 되돌릴 수 있는 지혜의 책입니다. 만약 한국의 모든 부모들이 이 책의 내용을 자녀들에게 가르치고 양육한다면, 한국이 어떤 나라가 될지 생각만 해도 전율이 느껴집니다. 또한 각 나라에 흩어져 있는 한인 부모들도 마찬가지라고 생각됩니다. 이 책을 한 장 한 장 진지하게 읽으시라고 모든 부모들에게 권하고 싶습니다. '부모가 얘기하는 거니까 하지 마'라는 식의 권위만을 앞세우는 가르침은 자녀의 마음을 상하게 합니다. 실제 사례, 통계, 연구 결과 등이 담긴 이 책은 자녀들에게 올바른 성가치관에 대하여 명확히 가르칠 수 있는 좋은 도구(Tool)가 될 것을 확신합니다. 세상에 빼앗긴 우리 자녀들의 마음이 이 책을 통해 하나님이 기뻐하시는 순결한 마음으로 다시 돌아올 것을 기대하며 소망합니다.

이진아 남가주다음세대지키기 대표

근래에 들어 우리와 우리 자녀들을 혼란에 빠뜨리는 다양한 공격이 펼쳐지는 것을 볼 수 있습니다. 그리고 이런 공격으로 인해 그동안 견지하던 가치관이나 신앙이 흔들리는 분들이 많아지는 현실입니다.

우리를 혼란에 빠뜨리는 다양한 공격 중에 가장 치명적인 것이 바로 '성'입니다. 악한 세력은 마치 누군가가 다른 이들을 억압하기 위하여 만들어 놓은 장치인 것처럼 성을 왜곡하더니, 자유와 권리라는 이름으로 무책임한 성관계를 조장했습니다. 이제는 본래 태어난 성을 부정하고, 내가 느끼는 바로 그것이 나의 진정한 성이라고 말하기 시작했습니다. 이런 논의가 사람들의 가치관을 얼마나 흔들어 놓을지 염려스럽습니다.

이런 상황에서 이 문제를 가지고 오래 고심하며 연구해 온 김지연 대표님의 성교육 책 출간이 반갑습니다. 이 책에는 다년간 강의를 통해 쌓은 경험과 노하우가 고스란히 담겨 있습니다. 학교와 교회 현장에서 바로 쓰일 수 있도록 만들어져 더욱 감사한 마음이 듭니다.

말세에 교회와 성도를 향한 공격은 더욱 거세질 것입니다. 혼자 맞설 수 없습니다. 열정만으로도 안 됩니다. 바른 성경적 지식을 배우며, 함께 헤쳐 나가야 할 것입니다. 이 책을 통해 성경이 말하는 성에 대한 명확한 지식을 배우고 가르치길 기대합니다.

이찬수 분당우리교회 담임목사

생명주의 성교육이 너무나 필요합니다. 성을 쾌락으로만 생각하면 결코 만족에 이를 수 없는 인간의 비참함과 마주하게 됩니다. 김지연 대표님을 만나 성경적 성교육 양성 기관인 에이랩(ALAF, Awesome Life Awesome Family)에서 공부하면서 기도하고 행동하는 크리스천으로서의 정체성을 갖게 되었습니다.

교육 현장에서 강의할 때마다 성경적 성교육에 관한 마땅한 책이 없어 안타까웠는데 그리스도의 자녀로, 제자로, 신부로, 군사로 어떻게 행해야 할지 알려 주는 책을 드디어 만나게 되어 감격스럽습니다.

이 책은 막연하게만 생각되던 자녀 성교육의 훌륭한 안내서입니다. 또한 가치관이 혼재된 시대를 살아가며 분명한 성경적 세계관을 재정립하고 싶다면 반드시 읽어야 할 책입니다. 저에게 큰 도움이 된 명저를 여러분에게도 기쁨으로 추천합니다.

지소영 전 꿈의학교교사, 방송작가

저는 유튜브 플랫폼을 이용해 영상을 업로드하다 보니 전 세계 한인 크리스천 청년들에게서 이메일 및 SNS 메시지를 많이 받습니다. 수많은 고민 상담 요청 중 열의 아홉은 연애와 결혼에 관한 문제, 곧 '성'에 관한 문제입니다. 개중에는 매우 심각한 내용도 더러 있습니다. 중요한 점은 사연 속 피해자와 가해자 모두 크리스천이라는 사실입니다. 목회자의 자녀 건, 선교사의 자녀 건, 교회 내 중직자의 자녀 건 또는 몇 대째 이어져 온 신앙의 가문의 후손이건 상관없습니다. 모두 넘어지고 다쳤습니다. 얼마나 다급하고 간절했으면, 한 번도 만난 적 없는 영상 속 유튜버에게 자기 이야기를 써 보낼까요.

그들은 매우 진지합니다. 하나님을 향한 갈망이 그들 심중에서 솟구치고 있다고 생각합니다. 제가 그들의 진지한 고민에 답하고 있는 '연애·결혼 멘토링'의 주요 토대는 한국가족보건협회 김지연 대표님께 배운 내용들입니다. 김지연 대표님에 대한 개인적인 존경은 차치하더라도, 제가 지금껏 살펴본 곳 중에서 김지연 대표님의 한국가족보건협회가 가장 확실하고 안전한 (그리고 거의 유일한) 성경적 성교육을 하기 때문입니다.

의료학적으로나 뇌과학적으로나 신뢰와 검증은 말할 나위 없습니다. 즉 김지연 대표님의 성경적 성교육은 전 세계적으로도 대체가 불가합니다. 게다가 이름도 빛도 없이 섬기시는 한국가족보건협회 스태프분들과 수많은 '자봉(자원봉사의 줄임말)'분들의 희생을 보고 있노라면 언제나 마음이 숙연해집니다. 어찌 놀라운 성령의 열매가 맺히지 않을 수 있을까요?

저는 이 책이 나오기만을 기다렸습니다. 내용을 읽는 내내 밑줄을 긋느라 펜을 놓지 못했습니다. 이 악한 시대에 내가 어떻게 준비되어야 하느냐, 도대체 어느 책부터 읽어야 하느냐 묻는 수많은 분에게 이 책을 추천할 겁니다. 교회를 수호하고, 나라를 바로 세울 수 있는 마지막 복음의 무기가 바로 이 책에 다 담겨 있기 때문입니다.

이 책은 인생과 가정을 바로 세워 주시는 하나님의 은혜가 우리에게 닿는 매개체입니다. 특히 오늘날 우리가 어떤 크리스천으로 살아가야 하는지 그 시대적 사명을 알려 주는 매개체이기도 합니다. 이 책을 통해 우리가 그토록 바라는 복음의 역전이 실현되기를 응원합니다.

책읽는사자 유튜버, 사자그라운드 대표

한 통의 전화를 받았다. 성전환을 시도하여 남자로 살아가다가 다시 본래의 성별로 돌아오는 중인 교회 자매였다. 자매가 보내 준 그녀의 어린 소녀 시절 모습과 트랜스젠더 남자로 살던 과거 모습, 그리고 탈트랜스젠더 중인 지금의 모습이 담긴 영상을 보며 가슴이 먹먹했던 기억이 아직도 생생하다. 누가 이렇게 고운 자매에게 성전환을 꿈꾸게 했을까. 누가 그 고운 얼굴에 수염을 기르게 하고, 몸은 부작용에, 마음은 우울증에 빠져서 자살 충동에 시달리게 했을까.

그 자매는 "타고난 성을 바꿀 수 없다는 사실을 누가 처음부터 알려 줬더라면 좋았을 텐데요"라고 말하며 아쉬워했다. 그러고는 필자에게 연락한 이유가 바로 하나님의 창조 질서대로 성가치관을 교육할 성경적 성교육 강사가 되기 위함이라고 말했다. 그래서 자신과 같이 잘못된 성개념에 속아서 스스로 몸을 상하게 하거나 자살하거나 하나님을 떠나는 일이 없도록 차세대를 도와주고 싶다고 했다. 그 자매는 곧바로 필자가 교육하는 성경적 성교육 과정에 등록하여 강사가 되는 길로 뛰어들었다. 담임 목사님과 가족들도 응원하고 기도하며 그 자매의 사역을 지지해 주고 있다.

왜 수많은 남성이 자신의 성기를 잘라 내고, 수많은 여성이 자신의 가슴을 잘라 내고 자궁을 적출해 가며 자신의 성별이 바뀔 수 있다는 착각 속에서 살게 되었는지 필자는 곰곰히 생각에 잠겼다.

미국은 급진적인 성교육으로 오랫동안 몸살을 앓아 오고 있다. 2016년도에 캘리포니아의 주법으로 제정된 가주 청소년 건강 법안

(California Healthy Youth Act)에 따르면 7학년 이상, 즉 중고등학교에서 최소한 한 번씩 성교육을 받게 되며 11번에서 13번에 걸쳐 포괄적 성교육을 이수하여야 한다. 그리고 성교육 지침서 개정을 통해 한층 구체화된 피임 방법, 성정체성, 성적 취향 등에 대해 가르치는 내용을 지침서에 추가하였다.

그렇게 개정된 지침서에는 합의만 했다면 청소년들도 얼마든지 성관계를 해도 된다며 혼외 성관계를 부추기는 외설적인 내용, 성별이 남자와 여자 두 가지만 있는 것이 아니라 스펙트럼처럼 다양하다고 왜곡하여 아이들의 성별 정체성에 혼란을 주는 내용, 동성 간 성행위를 당연시하는 내용 등 기독교적 성가치관을 송두리째 흔드는 것들이 빼곡히 차 있다.

이렇게 성윤리와 도덕을 배제한 채 음란물 수준으로 전락한 성교육을 공교육의 이름으로 시행하는 것은 아동에 대한 성적 학대 혹은 성적 착취에 해당한다. 성에 중독되고 탐닉하게 만드는 조기 성애화(sexualization) 교육이 차세대를 죄된 음욕으로 이끌고 있다. 2020년 3월, 뜨거운 이슈가 된 조주빈의 'n번방' 사건 같이 상상을 초월하는 디지털 성착취 사건은 이와 무관하지 않을 것이다.

성적 쾌락과 방종한 성문화를 일반화하는 성교육을 받은 아이들은 그 나이에 마땅히 성화(sanctification)되어야 할 부분, 성장해야 할 영역들을 상당 부분 상실하게 된다. 지금 전 세계는 이러한 선정적인 성문화와 그것을 옳다고 마지막 쐐기를 박는 성교육으로 몸살을 앓고 있다.

하나님은 창세기에서 "이러므로 남자가 부모를 떠나 그의 아내와 합하여 둘이 한 몸을 이룰지로다(창 2:24)"라고 결혼 제도를 공포하셨다. 우리나라 헌법 36조는 "혼인과 가족생활은 개인의 존엄과 양성의 평등을 기초로 성립되고 유지되어야 하며, 국가는 이를 보장한다"고 명시함으로써 결혼이 1남과 1녀의 결합이며 국가가 이것을 유일한 부부의 형태로 인정함을 보여주고 있다. 하나님은 남자와 여자를 손수 지으셨고, 이 둘에게 땅을 정복하라는 명령을 동등하게 주셨다. 이는 이들의 자손에 대해서도 마찬가지다.

우리는 연약하여 이것을 어기고, 죄를 짓고 넘어지기도 한다. 죄를 지었다면 하나님 앞에 죄를 회개하며 그분의 용서하심을 구하는 것이 마땅한 성도의 도리다. 그런데 오히려 "부부가 아닌 관계 속에서 일어나는 성관계 즉 간음을 자기 성적 결정권이라는 이름으로 포장하여 아예 법으로 보장하고 교육하자"고 한다면 이것은 단순히 '개인의 죄'로 끝나는 것이 아니라 '집단적 간음의 길'로 가자는 것이며 하나님이 주신 가이드라인 자체를 허물어 버리자는 것이다.

우리는 하나님의 말씀에 기반한 성경적인 성가치관을 다시 한번 정비하고, 이성 교제나 결혼, 출산, 임신, 생명과 가족, 이른바 성가치관이 개입하는 모든 것에 대하여 성경에 입각하여 먼저 가르치고 양육해야 한다.

원래 성교육이란 가정과 생활 속에서 필요에 따라 반드시 알아야 할 내용을 보호자가 가르치는 것이 가장 안전하다. 다시 말해, 그 아이의 인생과 영육 간의 강건함을 위해 진정으로 기도하고 애쓰는 자가 성교육을 담당하는 것이 맞다는 것이다. 그러므로 성경적으로 바른 성교육을 하기 위해서는 부모가 먼저 알아야 한다. 부모가 일차적으로 성경적 성교육을 받고, 이차적으로 아이들과 생활하는 가운데 자연스럽게 일대일로 개인의 상황과 수준에 맞게 가르치는 성교육이 가장 바람직하다. 건강한 성교육은 부모와 교사의 바른 신앙 및 성가치관에서 시작된다.

어떤 값을 지불하더라도 차세대를 주님의 자녀로 지켜 내기 위해 고군분투하는 이 땅의 모든 크리스천 양육자들에게 사랑과 존경을 표한다. 이 책을 쓸 수 있도록 기도해 준 남편과 아이들, 양가 부모님 네 분께 감사를 드린다. 감수를 해 주신 분들께 또한 감사를 표한다. 추천사를 통해 책을 더욱 빛내 주신 모든 분들에게 감사를 드린다. 그리고 무엇보다도 이 책의 발간을 추진하시고, 만들고, 성취하신 하나님 아버지께 모든 영광을 올려 드린다. 여호와 닛시.

2020년 4월
김지연

You are mine

1장

성경적 성교육을 위한
소통과 준비

성경적 가치관이

급속도로 무너지는 상황에서

교회는 아무런 영향을 받지 않고

꼿꼿하게 서 있을 것이라는 건

완벽한 착각이다

질서와 분별을 없애려는 성혁명

영적 골든타임이 시작되었다

필자는 소위 말하는 모태 신앙인으로, 믿음의 집안에서 태어났다. 믿음의 집안 즉 기독교인 집안이라고 하면 몇 대째 믿음이냐고 질문들을 하기도 한다. 4대째라고 대답하면. 아버지 쪽으로 4대인지, 어머니 쪽으로 4대인지 질문을 한다. 필자는 양쪽 모두 4대다.

내 어머니 즉 외가 쪽으로는 목사님들이 여러분 계셨다. 외할아버지도 목사님, 또 외삼촌, 이모부도 목사님들이셨다. 그분들의 형제들로 뻗어 가면 더 많은 목사님이 계시다는데 다 알지는 못한다. 그러니 자연스럽게 외가에 사모님이 많으셨다. 외할머니, 이모, 숙모 등 외가 식구들 덕분에 목회자 사모님에 대한 인상이 어린 시절 자연스럽게 생성되었다. 필자의 사촌들에게서 PK(Pastor's Kid), MK(Missionary's Kid)를 찾는 것은 어려운 일이 아니었다.

필자의 어머니는 목회하시는 아버지(필자의 외할아버지)와 그 목회를 돕는 어머니를 섬기는 셋째 딸이셨다. 어린 시절부터 아버지의 목회를 돕기 위해 어머니는 피아노 반주도 하고 기타도 치고, 성경학교 교사도 하고 교회에 성도나 선교사님들이 오시면

밥도 차려 내야만 하는 이른바 전천후 사역자였다고 회상하신다.

필자의 아버지 쪽으로는 평신도가 많았다. 장로님, 권사님, 안수집사, 서리집사, 성가대, 식당 봉사 부장, 여전도 연합회 회장, 남선교회 회장, 중창단장 등 다양한 종류의 직분을 맡은 분들이 친인척을 구성하고 있다. 필자의 조부모는 구한말 시대 전후, 기독교인 비율이 매우 낮던 그 시절에 교회 성가대에서 만나 결혼하셨다. 요즘으로 치면 청년부 커플로 결혼하신 셈이다.

그러니 필자는 교회에 대해서 궁금한 게 그다지 없었다. 그냥 공기같이 당연히 곁에 있는 것이 교회생활이었다. 특히 목회자나 선교사 가정의 삶과 그분들이 걸어가는 길이 얼마나 고생길인지 내 눈으로 생생하게 볼 수 있었다. 선교를 위해 먼저 선교지로 떠난 부모님 때문에 내 외사촌 남동생은 어린 시절 한국에서 목회하시는 할아버지와 할머니 슬하에서 컸다.

선교지에서 자신의 부모님이 보내온 편지와 선물을 서랍에 모아 두고 그것들을 바라보며 뭔가를 생각하던 어린 외사촌 동생의 표정이 기억난다. 선교 과정에서 발생하는 성도의 헌신과 희생, 아픔, 가슴 먹먹한 그리움이라는 것이 대체 무엇인지 삶에서 생생히 드러남을 필자는 현장에서 보았다. 선교란 대체 무엇인지 깊게 생각하게 만드는 기억 속의 앨범들이 필자의 어린 시절의 일부를 채워 간 것이다. 그 경험들은 선교에 대해, 교회의 역할에 대해 설명하는 그 어떤 텍스트보다도 강렬했다.

필자가 낳아 키우는 아이들은 자동으로 믿음의 5대 자손이 되는데 두 자녀에게 나보다 나은 신앙적 자산을 주고 싶다는 생각이 들었다. 필자는 성경 암송반 교사를 자원해서 두 자녀와 함께 성경 암송을 시작했다. 자녀들과 함께 성경 암송하는 것에 집중하기 위해 아이들이 다니던 학원을 정리했다. 약사로서의 업무 시간을 대폭 줄이고, 장보기 등에 쓰는 시간을 강도 높게 줄여 나갔다. 성경 암송 하느라 학원도 안 보낸다고 엄마들 사이에서 소문이 나 동네에서 특이한 사람으로 인식되기도 했다.

그렇게 지내다가 어느 날 기가 막힌 소식을 듣게 되었다. 동성 결혼법, 포괄적 차별금지법 등 동성애 법제화가 이루어진 서구 일부 나라들은 한결같이 차세대가 주일학교를 떠나고 급속도로 교회가 사라지더라는 소식이었다. 하나님이 죄라고 하신 것을 죄가 아니라 오히려 자기 성적 결정권이라고 프레임을 바꾼 뒤에 그것을 법제화하는 순간, 성경의 권위가 땅에 떨어지고 만다. 이후 차세대가 교회를 떠나면서 주일 학교가 사라지고, 오히려 하나님을 향해 삿대질을 하기 시작하더라는 것이다. 불륜과 동성애, 왜곡된 성문화가 차세대를 장악해 가고 있는 것을 방치한 나라들이 겪는 영적 침체가 상상을 초월하고 있음을 직면하게 되었다.

조기 성애화의 급류가 디지털 미디어를 통해 차세대를 삼키다

지금 차세대의 생명이 걸려 있는 보이지 않는 치열한 영적 전쟁이 진행되고 있다. 문화와 정책, 법과 제도의 영역들이 예수님을 영접하고 신앙을 지키기가 굉장히 어려운 상황으로 치닫고 있는 것이다. 가정과 교회를 파괴하는 혁명, 전 세계적으로 일어나고 있는 성혁명(sexual revolution)의 쓰나미가 진격해 오고 있다. 글로벌 성혁명의 가장 핵심적인 단어는 인간의 조기 '성애화(sexualization, erotization)'라고 할 수 있다.

성애화의 여러가지 특징 중 하나는 인간을 성적 욕망의 대상으로만 본다는 것이다. 사회·정치·경제·문화 모든 영역에서 우리가 모르는 사이에 성애화가 치밀하게 스며들고 있다. 모든 인류의 조기 성애화 광풍에 일조하는 것이 바로 각종 디지털 기기를 통해 차세대를 찾아가는 매스미디어다. 미디어를 통한 성애화는 자녀들의 심령에 반기독교적 사고의 틀이 자리 잡도록 넓은 고속도로를 깔고 있다. 어렸을 때부터 성에 중독되고 성에 찌들게 되면, 인간으로서 마땅히 해야 할 최소한의 성장조차 없어지게 된다. 조기 성애화된 아이들은 마음이 길가나 돌밭이 되어 복음의 씨를 아무리 뿌려 줘도 신앙이 자라지 않고 고사해 버리고 만다.

성경은 "멸망으로 인도하는 문은 크고 그 길이 넓어 그리로 들어가는 자가 많고, 생명으로 인도하는 문은 좁고 길이 협착하여

너는 내 것이라

찾는 자가 적다(마 7:13-14)"고 말한다. 이미 매스미디어가 각종 디지털 기기를 통해 차세대의 손안으로 "일일이 직접 찾아가는 서비스"를 시작함으로써 조기 성애화의 길로 치달을 수 있는 넓은 길을 적극 제공하고 있는 이때에 우리 차세대가 말씀의 진리 위에 바로 서서 주님의 용사들로 자랄 수 있도록 크리스천 양육자들이 일어나야 한다. 하나님이 우리에게 주신 바른 성가치관을 기독교 학부모들이 먼저 깨닫고, 우리 자녀들에게 마땅히 행할 진리를 가르쳐야 하는 영적 골든타임이 시작되었다.

질서와 분별을 없애고자 하는 사탄의 작전, 성혁명

기독교적 세계관에 입각한 건전한 성가치관은 인류 역사 속에서 면면히 주류로 인식되어 왔다. 성문제에서 선악을 구별하는 기준으로 하나님의 말씀인 성경이 다림줄 역할을 해 준 것이다. 예를 들어, 창세기 말씀대로 성별(性別)은 남자와 여자 두 가지이며, 마태복음 말씀대로 결혼은 한 남자와 한 여자가 연합하여 한 몸을 이루는 것이라는 것, 십계명에 따라 간음은 죄라는 인식 등이다. 성매매하는 것 역시 죄이며 성관계는 부부끼리만 하는 것이고, 동성애는 죄이며, 근친상간해서는 안 된다는 인식 역시 성경적 성가치관의 예들이다.

그런데 지금 인류는 이런 질서가 송두리째 흔들리는 시대를

살아가고 있다. "성별은 남녀 두 가지만 있는 게 아니라 여자, 남
자, 트랜스젠더, 중성, 양성동체 등 수십 가지가 있다"고 주장하
는 급진적 페미니스트, 동성애 옹호론자, 인권 활동가, 정치인들
이 우후죽순 늘어 나고 있다.

　2001년, 네덜란드를 시작으로 동성 결혼을 합법화하기 시작
한 나라가 30개국에 육박하고 있다. 간통죄 처벌법을 폐지하고,
간통을 성적 결정권으로 인정하는 성읍이 늘고 있으며 우리나
라 역시 2015년에 간통죄 처벌법을 폐지했다. 성을 돈으로 얼
마든지 사고팔아도 된다며 성매매를 합법화하는 나라도 생겨
나고 있다. 독일과 같은 나라가 그 예다. 동성애는 죄가 아니며
오히려 동성애를 비판하는 행위가 죄라는 법을 만들어 버린 나
라가 이미 50개국이 넘는다. 심지어 북미에서는 소아성애도 성
적 지향으로 인정해 달라고 당당히 요구하는 인권 단체가 등장
하여 활발히 활동하고 있다. 2018년 독일 뷔르츠부르크대학교
(University of Würzburg)에서 열린 TEDX에서 강연한 소아성애 지지
발언이 유튜브를 통해 버젓이 공개되기도 했다.[1]

_2018년 5월 5일. 독일의
뷔르츠부르크대학교에서 열
린 TEDX에서 한 강연자가
소아성애를 지지하는 발언을
했다

　　　　　　　　　　　　　　　너는 내 것이라

생명의 근원된 자신의 아버지를 포함한 모든 남자를 인간 이하로 취급할 것을 종용하는 급진적 페미니즘이 최고의 교육 텍스트라며 공교육 현장에 버젓이 고개를 들기도 하고, 결혼을 통한 가정의 형성을 저주처럼 인식시키는 치명적인 비혼주의가 청년들 사이를 휘젓고 다니고 있다. 결혼하지 않고도 누구나와 쉽게 동거를 시작하고 성관계를 하며 언제든 마음이 틀어지면 헤어질 수 있도록 보장하는 동거법(civil union)을 '다양한 형태의 가족법'으로 미화하며 합법화하는 스웨덴 같은 나라들이 속속 생겨나고 있다.

사탄은 간음을 진정한 사랑으로 포장하며 사람들의 심령을 어지럽힌다. 원 나잇 스탠드(one-night stand)를 얼마든지 즐겨도 된다고 권장하는 사회는 그날 처음 만난 상대가 이성이든 동성이든 성매매 종사자이든 섹스 인형이든 중요하지 않고, 개인의 성적 결정권이 가장 중요한 열쇠일 뿐이라고 강조한다. 그러다가 행여라도 실수로 임신이 되어도 언제든지 전문 의료진의 손을 빌려 태아를 흔적도 없이 죽여서 자궁 밖으로 긁어낼 수 있도록 법으로 보장해 줄 테니 아무 걱정 말고 음란을 즐기라고 사탄이 속삭인다. 세계의 많은 여성이 자기 태중의 자녀를 마음대로 죽일 수 있게 되었다고 환호성을 질러 대고 있다. 우리나라는 2019년 4월 11일 헌법재판소의 결정에 의해 더 이상 낙태가 범죄가 아닌 것으로 법을 고치게 되었다.

성매매, 간음, 동성애, 근친상간 등의 죄악은 요즘만의 문제가 아니다. 아담과 하와가 선악과를 따 먹는 순간에 전 인류는 이미 모든 죄악의 영향권 아래 들어갔다. 음란한 행위의 등장 자체를 성혁명이라고 일컫지는 않는다.

기존에 성적인 타락이나 죄악으로 여겨지던 것들이 이제는 '죄'가 아니라 오히려 인간의 '권리'이며 '선택권'이라고 주장하며 각종 제도와 법을 통해 공적, 사적 영역에서 강제하려는 일련의 움직임을 성혁명으로 규정한다. 한마디로 악을 선이라고 바꾸어 버리는 급진적인 흐름이다.

타락한 성혁명을 완수하기 위해 보이지 않는 손에 의해 사회·정치·경제·문화·교육·미디어 등 전 영역에 걸쳐 조직적으로 움직이는 흐름이 거세다. 성윤리와 성도덕을 파괴하는 법을 반대하는 선량한 시민을 오히려 소송하고 매장하는 성읍들이 생겨나고 있다. 그리고 고도로 성애화된 사람들이 그 성읍을 채우고 있다. 성중독의 좀비가 되어 전전두엽의 고결한 기능을 스스로 마비시킨 자들이 자신들만 행악할 뿐 아니라 그 행악이 옳다고 말하는 법을 만들어 가고 있다.

> "곧 모든 불의, 추악, 탐욕, 악의가 가득한 자요 시기, 살인, 분쟁, 사기, 악독이 가득한 자요 수군수군하는 자요 비방하는 자요 하나님께서 미워하시는 자요 능욕하는 자요 교만한 자요 자랑하는 자요 악을 도모하는 자요 부모를 거역하는 자요 우매한 자요 배약하는 자요 무정한 자요 무자비한 자라 그들이 이 같은 일을 행하는 자는

너는 내 것이라

사형에 해당한다고 하나님께서 정하심을 알고도 자기들만 행할 뿐 아니라 또한 그런 일을 행하는 자들을 옳다 하느니라" 롬 1:29-32

진리에 따른 올바름을 외치는 것은 낡은 가치를 붙드는 것인가?

절대적 진리의 존재를 부인하며 악이든 선이든 모두 관용하고 받아들이자는 대책 없는 관용 정책(tolerance policy)이 인류를 미혹하고 있다. 진리에 입각한 올바름이 아닌 정치적 올바름(political correctness)을 선택한 악한 기류가 정치·경제·사회·문화·교육·미디어 등 모든 영역으로 파고들어 가고 있다.

사탄은 이러한 현상을 통해 영혼을 구하는 절대적 진리에 따른 올바름을 외치는 이들의 호소를 낡은 가치를 붙든 꽉 막힌 보수주의자의 것으로 치부해 버린다. 그리고 차세대 영혼들에게 '괜찮아, 아무 일도 없을 테니 네가 원하는 대로 모든 방식의 성적 만족을 취해. 옳고 그름의 경계는 이미 사라졌어'라고 속삭이며 독약을 먹이고 있다. 하나님의 형상대로 지음 받은 인간의 존엄함을 동물의 야만적인 본능과 다를 바 없는 것으로 만드는 작업을 무한 반복하는 것이다. 사람들의 영혼에 맹독을 주입하는 사조의 위험성을 느끼면서도 미혹된 대중의 심기를 건드리지 않기 위해 눈감고 모른 체하는 것을 훌륭한 처세술로 여기게끔 만든다.

뭔가 이상하게 돌아가고 있다는 것을 직감하면서도 모르는 척 눈감아야 하는 일상이 반복되다 보니 영적 정신 분열이 일어나기도 한다. 자신의 신앙 양심에서 올라오는 선한 외침을 스스로 억누름으로써 식물인간처럼 된 사람들이 진리의 목소리를 내느라 피 흘리는 성도들을 멀찌감치서 구경하기도 한다. 말씀과 실제 삶이 일치되길 앙망하며 좁은 길을 가는 통합적 영성의 길을 가는 것을 기대하기가 너무나 어려워지는 상황이 계속되는 것이다. 그 와중에 우리 차세대가 복음과는 멀어진 삶의 지평을 열고, 각종 죄악에 중독되어 가고 있음을 목도하게 된다.

거룩이란 무엇인가. 거룩해진다는 것, 즉 성화(聖化, sanctification)란 무엇인가? 찬양을 들으며 눈물 흘리면서 감정의 요동을 느끼는 것이 거룩일까? 우리 거룩이 그렇게 간단하게 입증된다면 얼마나 좋을까. 그러나 안타깝게도 그런 감정이 거룩을 입증해 주지는 못한다. 그것이 정말로 거룩해지는 과정에서 나온 눈물인지 아니면 그저 단순한 감정의 카타르시스로 나온 눈물인지는 막상 그 눈물을 흘린 현장에서는 바로 가늠하기가 어렵다. 오히려 찬양 예배가 끝난 뒤 집에 돌아가고 나서, 즉 삶의 현장에서 자신의 가족과 이웃과 원수를 대하는 태도에서 우리는 그것이 어떤 눈물이었는지를 가늠해 볼 수 있다. 어두운 밤, 아무도 없을 때 스마트폰, 컴퓨터, 노트북 앞에서 무엇을 보고 즐기는가가 낮에 찬양 예배 시간에 흘렸던 눈물의 실체를 말해 준다.

세상에서 일어나는 성혁명은 손바닥 안의 스마트폰에서도 드러나고 있다. 우리는 매 순간 스마트폰으로도 엄청난 영적 전쟁을 치러 내야 하는 상황 가운데 놓여 있다. 손바닥 안까지 찾아오는 서비스를 시작한 성혁명의 죄악 앞에 상습적으로 무릎 꿇지 않고, 오로지 예수님의 은혜 앞에만 무릎 꿇는 차세대가 되도록 우리는 영적 전쟁을 선포해야 한다.

성경적 성가치관이 무너지는 상황에서 교회가 할 일은 무엇인가?

정치적 올바름(political correctness) 운동에 사로잡힌 사람들은 성경적 성가치관을 엎어 버리고, 기독교적 구조와 질서, 윤리를 무너뜨리며 신권(神權)을 짓밟는 허황된 인권 만능주의의 절벽을 향해 돌격하고 있다. 동성애, 성별 교체, 간통, 성매매는 죄가 아니며 오로지 개인의 성적 결정권이라고 항변한다. 또 이러한 반성경적 악행을 누구나 거리낌 없이 얼마든지 할 수 있도록 보장받기 위해 법과 제도까지 뜯어고치는 위험한 행위를 하고 있다. 즉 '개인의 죄악'으로 끝나는 것이 아니라 죄를 거침없이 저지르기 위한 '집단적 틀'과 '구조물'을 형성해 가는 것이다. 그리고 그 구조물 속에서 성장해 가는 우리 차세대가 하나님을 대적하는 세대로 급변해 가고 있음을 목도하며 크리스천 양육자들은 가슴을 친다.

신앙적 양심을 마비시키는 법과 제도 및 문화의 확산은 끔찍한 성혁명을 일으키고 있다. "광명의 천사(고후 11:14)"로 가장해 대중적 인기를 끌며 비정상을 정상으로 탈바꿈시키고자 하는 인권 감성팔이들이 득세하고 있다.

시류가 그렇다 보니 혼전 순결을 지지하면, 율법주의자나 강박증 환자로 취급당하기 일쑤다. "성관계는 부부간에만 해야 한다"고 말하면, 꼴통 꼰대 취급을 받는다. 동성 간 성행위를 반대했다간 사회적으로 생매장당할 것을 감수해야 할 정도다. 그렇다 보니 '호모파시즘(homofascism)'이라는 신조어도 등장했다. 호모파시즘^{*2}은 일명 동성애 독재로, 1949년에 설립된 단체 카톨리시즘이 다음과 같이 정의하고 있다.

"동성애자들이 사회에 내미는 의제들에 대해 일반인들이 그에 동의하지 않거나 반대되는 의견을 표현하는 것이 매우 어려운 구조로 만들어 가는 사회 조직 방법, 그들의 의견에 동의하지 않거나 반대 의견을 표현하면 조롱, 비방, 모욕, 벌금, 공개 시위, 왜곡, 의사 표현의 자유 박탈, 직업 상실 등의 심각한 결과를 겪어야 하고, 어떤 형태로든 '혐오'라는 꼬리표가 달리며 혐오 세력으로 오인되게 만든다."

이렇게 성경적 가치관이 급속도로 무너지는 상황에서 교회는 아무런 영향을 받지 않고 꼿꼿하게 서서 영적 부흥을 누릴 것이라는 건 완벽한 착각이다.

마지막 때, 악한 영들이 차세대를 실족게 하려고 사용하는 도구가 성혁명임을 크리스천 양육자들은 반드시 직시해야 한다. 세상은 '불륜, 동성애, 성매매, 프리섹스주의 등이 불의한지 의로운지는 전혀 중요하지 않으니 구별하지 말자'고 끊임없이 속삭인다. 그리고 그러한 일체의 '간음' 행위들을 '사랑'이라고 미화하여 마침내 양심에 찔림 없이 마음껏 즐기고 반복하도록 미혹한다. 진정한 사랑은 악이든 선이든 다 관용하는 것이라고, 악과 선의 경계를 허물어 버리고 다 포용하는 것이라고 거짓 메시지를 서슴없이 남발한다. '사랑'의 이름으로 '사랑'을 파괴하는 일이 우리와 차세대 눈앞에서 벌어지고 있다.

그러나 성경은 세상의 불법 앞에 단호하게 정반대 메시지를 던진다.

"(사랑은) 불의를 기뻐하지 아니하며 진리와 함께 기뻐하고" 고전 13:6

우리는 하나님 나라가 어떤 것인지 차세대에 보여 줘야 한다. 무엇이 선이고 악인지를 성경에 근거해서 가르쳐야 한다. 하나님이 기뻐하시는 생명 존중과 가정의 소중함을 가르치며 성경적인 성가치관을 전수해야 한다. 이것은 우리가 어떠한 값을 지불하더라도 차세대에 반드시 물려주어야 할 중요한 영적 자산이다.

'진짜 성경적 성교육'이 절실하다

크리스천 학부모들 사이에서 자녀의 성교육을 아무에게나 맡길 수가 없다는 인식이 갈수록 높아지고 있다. 이런 현상은 일반 학부모들 사이에서도 뚜렷이 나타나고 있으니 시대적 흐름이라고 할 수 있다.

성경은 성을 단독으로 다루지 않는다

성경적 성교육에서 인간의 '성(sexuality)'이라는 단어는 단독으로는 존재하지 않는다. 결혼, 생명, 남자와 여자, 윤리, 도덕, 가족, 사회 등 성이슈와 관련된 모든 영역 안에서 중요한 핵심을 구성하면서도 한편으로는 파생적으로 존재한다. 그래서 성경도 '성'이라는 단어를 단독으로 쓴 예가 없다. 혼인(결혼), 출산, 남자, 여자, 간음, 순결, 남색 등 구체적인 주제어 속에서 성은 연계되어 혹은 녹아서 자리 잡고 있다. '성'의 영역은 때로는 굉장히 핵심적으로 때로는 매우 부수적인 개념으로 거미줄처럼 광범위하게 퍼져있지만 '성'이라는 단어 자체가 독립적으로 분리 가능한 주인공과 같은 존재가 아니라는 말이다.

예를 들어, 레위기 18장의 각종 간음을 금하는 부분에서 이를 성이슈 혹은 성이라고 언급하는 것은 우리 인간들이 해석하고 적용해서 내놓은 표현이다. 레위기뿐 아니라 성경은 성보다는 거룩에 관한 이슈를 다루고 있으며, 거룩이라는 단어를 단독으로 사용하고 있다. 거룩은 충분히 추상적이지만 동시에 충분히 독립적인 개념과 단어로 우리에게 주어져 있으나 '성'이라고 하는 단어는 그렇지 않다. 즉 단순히 성이 추상적인 개념이라서 단독적으로 쓰기 어렵다고 도식화하기에는 무리수가 있다는 뜻이다.

그런 의미에서 '성교육'이라는 단어보다는 생명 교육, 가족 교육 등 구체적인 단어로 대체하여 가정이나 학교, 교회에서 사용하는 것도 권장할 만하다. 어린아이들에게 "얘들아, '성'하면 뭐가 생각나니?"라고 물어보기보다는 "얘들아, '결혼' 하면 뭐가 생각나니?"라고 묻거나 "'성별' 하면 뭐가 생각나니?" 혹은 "'사춘기' 하면 뭐가 생각나니?"와 같이 묻는 것이 성애화되는 것을 줄이고, 성경적인 성가치관을 확립해 나가는 데 도움을 준다.

특히 어린아이들에게 '성(sexuality)'이라는 단어를 단독적으로 반복 사용하는 것은 건강하지 않은 추상성(추상성에는 건강한 추상성과 건강하지 않은 추상성이 있다)으로 가는 오류를 일으킬 뿐만 아니라, 전술한 바와 같이 성은 인간의 생명, 결혼뿐 아니라 간음, 동성애 등 죄악된 행위와 관련해서도 중요한 위치를 차지하고 있는 개념이기 때문이다.

실제로 스웨덴에서 처음 성교육이라는 것을 실시했는데, 단독적인 성이 강조되면서 많은 성애화를 겪은 것이 사실이다. 인간을 성적인 욕구 충족이 가장 중요한 존재라고 강조하며 단독적인 성을 자주 최전방에 두고 아이들을 가르치는 것은 성교육 현장에서 흔히 일어나는 오류다. '단독적이고 독립적인 성'으로 등단시킨 대표적인 인물이 프로이트였는데, 그 부작용은 상당히 컸다.

다시 한번 강조하지만, '성'이란 무엇인가에 관해 정확히 말하지 못하는 이유는 단독적 개념이 아니며 연계성 및 추상성 그리고 많은 영역으로의 침습성이 큰 단어이기 때문이다. 기독교 교육에서 추상성이 반드시 필요한 영역이 있으나 때에 맞지 않게 남발하면 망할 영역도 있다. '성'을 뭉뚱그려서 지속적으로 사용하면 자칫 추상성과 외설적인 개념으로 흘러갈 수 있기 때문이다.

또한 '성'이라고 하는 단어의 파생성과 연계성을 인지할 때 오히려 그 의미가 구체화되고 삶에 적용하기 쉬워진다는 것을 성경적 성교육자들은 알아야 한다.

또한 성경적 성교육을 가르치는 양육자는 성경에 나타나는 성 이슈는 대부분 죄악된 간음의 종류들을 금하실 때 많이 언급되고 있다는 것을 간과해서는 안 된다.

크리스천 양육자의 고민: 나 역시 불완전한 존재인데 성경적 가치관을 가르칠 수 있을까요?

어떤 크리스천 양육자들은 "나 역시 성적으로 떳떳하지 못한 젊은 시절을 보낸 불완전한 죄인인데, 어떻게 내 자녀들에게 성경적인 성가치관을 가르칠 수 있을까요?"라는 고민 글을 보내오기도 한다. 혹은 "나의 과거는 성적으로 죄악된 부분이 있습니다. 그래서 자녀들 앞에서 성경적 성교육은 시작조차 하기가 어려울 것 같습니다"라며 잔뜩 어깨를 움츠린 크리스천 양육자들을 많이 만나게 된다.

자신이 온전치 못하다는 자책감으로 선뜻 성경적 성교육을 위한 준비에 발을 담그지 못하고 있지만 성경적 성교육의 필요성은 너무 잘 알고 있기에 도움의 손길을 요청하는 것이다.

우리는 모두 불완전하며 연약한 존재다. 성경 말씀도 이를 인정하고 있다. 고린도전서 13장은 육을 입고 있는 현재로서는 우리가 부분적으로 알고, 부분적으로 예언하고 있는 존재일 뿐임을 주저함 없이 선언한다.

"우리는 부분적으로 알고 부분적으로 예언하니" 고전 13:9

그러나 이러한 우리의 '영적 수준'이 "이 세상 풍조를 따르고 공중의 권세 잡은 자를(엡 2:2)" 따르는 사람들 앞에서 침묵하는 무책임한 태도를 긍정하는 당위성을 우리에게 부여하지는 못한다. 이 땅의 현실 속에 영적 군화를 신고 꿋꿋이 서서 하나님 나라, 즉 우리 본향으로의 방향성을 끝없이 드러내는 것이 그리스도인의 사명이다. 비록 불완전한 양육자라 하더라도 말이다.

오직 하나님 아버지만이 온전하시다. 그러나 온전하신 우리 아버지께서는 우리의 불완전함을 아시고도 우리에게 사명을 맡기셨다는 사실을 알아야 한다. 불완전한 우리가 온전해지기 위해 나아가는 여정 속에 우리의 차세대를 주의 자녀로 잘 양육하는 사명 역시 포함되어 있다. 물론 우리가 불완전한 존재임이 절대 자랑거리는 아니다. 또한 이 사실이 성경적 자녀 양육을 포기하는 것에 면죄부를 주지도 않는다.

예수님은 우리에게 온전해질 것을 명하셨다.

"그러므로 하늘에 계신 너희 아버지의 온전하심과 같이 너희도 온전하라" 마 5:48

"우리는 부분적으로 알고 부분적으로 예언하니 온전한 것이 올 때에는 부분적으로 하던 것이 폐하리라 … 지금은 내가 부분적으로 아나 그때에는 주께서 나를 아신 것 같이 내가 온전히 알리라" 고전 13:9-12

너는 내 것이라

크리스천 양육자들이여 어깨를 펴라

지금까지 온전치 못한 자신 때문에 자녀를 적극적으로 훈육하기를 포기했던 양육자가 있다면, 이 시간부터 주님 앞에 기도하기를 바란다. 어깨를 쫙 펴고 양육자로서 출발점에 진지하게 서기를 바란다. 과거의 죄 때문에 사탄의 장난에 볼모 잡혀 있는 부분이 있다면, 반드시 회개하고 주께 사함 받고 고치심을 덧입은 양육자로 나아가야 한다. 우리는 시간을 되돌릴 수는 없지만, 성령 안에서 진정으로 회개할 수 있다. 놀랍게도 하나님은 우리 회개를 기쁘게 받으신다.

음란죄든 거짓말한 죄든 우리가 지은 죄가 아무리 주홍같이 붉을지라도, 하나님은 독생자를 이 땅에 그리스도로 보내시어 우리 모든 죄의 삯을 십자가에서 대신 치르게 하시고, 성경에 예언한 대로 그리스도를 죽음에서 부활케 하신 분이다. 피조물인 우리, 죄의 삯을 사망으로 치를 수밖에 없는 우리를 구원하기 위해 대신 죽어 주시기까지 사랑하신 하나님 아버지의 큰 사랑을 우리는 망각해서는 안 된다.

> "우리가 아직 죄인 되었을 때에 그리스도께서 우리를 위하여 죽으심으로 하나님께서 우리에 대한 자기의 사랑을 확증하셨느니라" 롬 5:8

이 사랑을 망각하면 하나님의 용서하심도 망각하게 되고 그 용서하심을 망각하면 회개의 길로 접어들기를 심령 깊숙이 주저하게 된다. 성경은 우리가 회개할 때 하나님이 들으시고 우리의 죄를 사할 뿐 아니라 땅의 본질적인 변화, 즉 고치심을 준다고까지 분명하게 약속하셨다.

> "내 이름으로 일컫는 내 백성이 그들의 악한 길에서 떠나 스스로 낮추고 기도하여 내 얼굴을 찾으면 내가 하늘에서 듣고 그들의 죄를 사하고 그들의 땅을 고칠지라" 대하7:14

이 구절은 성경적 성교육을 함에 있어서 매우 중요한 부분이 므로 가급적 암송하고 아이들을 양육할 때도 적극 적용할 것을 권하는 바다. 우리의 부모들도 온전하신 분들이 아니었다. 다만 우리를 지극히 사랑하며 하나님께로부터 우리의 양육자로서의 권위와 책임, 의무를 부여받은 귀한 분들이었다. 마찬가지로 우리 역시 그러한 자리에 있다. 부디 크리스천 양육자들이여 어깨를 펴라. 우리가 영적으로 주눅 들어 아이들을 키우면 우리의 아이들도 심령에 주눅이 들 것이다. 감사함과 경쾌함으로 성경적 양육자의 자리로 발을 함께 내디뎌 보자.

회개와 용서에 관련된 성경 말씀들을 소개하고자 한다. 앞으로 용서하시는 하나님과 회개에 대한 구절은 이 책에서 성가치관 주제에 맞게 반복적으로 강조 혹은 인용될 것이다.

너는 내 것이라

회개와 용서에 관한
성경 구절

우리 죄를 용서하시는 하나님을 알 수 있는 성경 구절을 활용하여 성경적 성교육을 하기를 제안한다.

"내 이름으로 일컫는 내 백성이 그들의 악한 길에서 떠나 스스로 낮추고 기도하여 내 얼굴을 찾으면 내가 하늘에서 듣고 그들의 죄를 사하고 그들의 땅을 고칠지라" 대하 7:14

"나 곧 나는 나를 위하여 네 허물을 도말하는 자니 네 죄를 기억하지 아니하리라" 사 43:25

"우리는 그리스도 안에서 그의 은혜의 풍성함을 따라 그의 피로 말미암아 속량 곧 죄 사함을 받았느니라" 엡 1:7

"여호와께서 말씀하시되 오라 우리가 서로 변론하자 너희의 죄가 주홍 같을지라도 눈과 같이 희어질 것이요 진홍같이 붉을지라도 양털 같이 희게 되리라" 사 1:18

"주의 약속은 어떤 이들이 더디다고 생각하는 것 같이 더딘 것이 아니라 오직 주께서는 너희를 대하여 오래 참으사 아무도 멸망하

지 아니하고 다 회개하기에 이르기를 원하시느니라" 벧후 3:9

"여호와는 긍휼이 많으시고 은혜로우시며 노하기를 더디 하시고
인자하심이 풍부하시도다 자주 경책하지 아니하시며 노를 영원히
품지 아니하시리로다 우리의 죄를 따라 우리를 처벌하지는 아니하
시며 우리의 죄악을 따라 우리에게 그대로 갚지는 아니하셨으니
이는 하늘이 땅에서 높음 같이 그를 경외하는 자에게 그의 인자하
심이 크심이로다 동이 서에서 먼 것 같이 우리의 죄과를 우리에게
서 멀리 옮기셨으며" 시 103:8-12

"우리에게 명하사 백성에게 전도하되 하나님이 살아 있는 자와 죽
은 자의 재판장으로 정하신 자가 곧 이 사람인 것을 증언하게 하셨
고 그에 대하여 모든 선지자도 증언하되 그를 믿는 사람들이 다 그
의 이름을 힘입어 죄 사함을 받는다 하였느니라" 행 10:42-43

"오늘 우리에게 일용할 양식을 주시옵고 우리가 우리에게 죄 지은
자를 사하여 준 것 같이 우리 죄를 사하여 주시옵고 우리를 시험에
들게 하지 마시옵고 다만 악에서 구하시옵소서" 마 6:11-13

"우리는 그리스도 안에서 그의 은혜의 풍성함을 따라 그의 피로 말
미암아 속량 곧 죄 사함을 받았느니라 이는 그가 모든 지혜와 총명
을 우리에게 넘치게 하사 그 뜻의 비밀을 우리에게 알리신 것이요

너는 내 것이라

그의 기뻐하심을 따라 그리스도 안에서 때가 찬 경륜을 위하여 예
정하신 것이니 하늘에 있는 것이나 땅에 있는 것이 다 그리스도 안
에서 통일되게 하려 하심이라" 엡 1:7-10

"그가 우리를 흑암의 권세에서 건져내사 그의 사랑의 아들의 나라
로 옮기셨으니 그 아들 안에서 우리가 속량 곧 죄 사함을 얻었도
다" 골 1:13-14

"너희는 모든 악독과 노함과 분냄과 떠드는 것과 비방하는 것을 모
든 악의와 함께 버리고 서로 친절하게 하며 불쌍히 여기며 서로 용
서하기를 하나님이 그리스도 안에서 너희를 용서하심과 같이 하
라" 엡 4:31-32

"너희가 사람의 잘못을 용서하면 너희 하늘 아버지께서도 너희 잘
못을 용서하시려니와" 마 6:14

"그가 찔림은 우리의 허물 때문이요 그가 상함은 우리의 죄악 때문
이라 그가 징계를 받으므로 우리는 평화를 누리고 그가 채찍에 맞
으므로 우리는 나음을 받았도다" 사 53:5

성경적 성교육은 누가 하는 것이 좋은가?

자기 자신이 성경적 성교육을 체계적으로 받아 본 적이 없다는 이유로 아이들에게 성교육 하기를 주저하거나 엉뚱한 곳에 맡기는 모습을 종종 보게 된다. 그러나 지레 두려워할 필요는 없다.

아이들은 같은 나이라 해도 가정 분위기나 각자의 경험과 성에 노출된 정도에 따라 성애화의 정도가 다르고, 인생과 신앙에 대한 전반적인 성찰과 지식의 양이 다르다. 그래서 성교육도 맞춤식으로 진행해야 하며 자칫 아이들이 일방적인 금욕주의나 자유주의 성관념으로 치우치지 않도록 성경적으로 다림줄이 잘 내려진 교육을 해야 한다.

특성상, 성교육은 아이를 가장 잘 알고 사랑하는 사람이 바른 지식을 가지고 책임감 있게 실시해야 한다. 단순히 지식을 전달하는 일에도 전문성과 책임감과 사랑의 마음이 꼭 필요한 법이다. 특히나 성교육 영역은 더더욱 그러하다.

따라서 성교육은 부모가 자녀에게 때에 맞게 생활 속에서 자연스럽게 가르치는 것이 가장 이상적이다. 아버지가 아들에게 가르칠 내용과 어머니가 아들에게 가르칠 내용이 따로 있으며, 딸에 대해서도 마찬가지다. 남녀 학생을 구별하여 교육해야 할 영역이 있고, 같이 들어야 할 영역도 있다. 또 양육자나 교사가 집단으로 다룰 주제가 있고, 소그룹이나 일대일로 가르쳐야 할 내용이 있다. 이것을 구별하는 것이 안전하다.

혹여나 성경적 성교육이라고 해서 성경 말씀을 인용하는 것으로 끝내겠다는 안일한 생각을 했다면, 그 생각을 버려야 한다. 그 것은 오히려 하나님이 주신 달란트와 자산들을 스스로 땅에 파 묻는 처사이기 때문이다. 세상의 많은 정보와 통계들이 성경적인 성가치관이 옳다는 것을 알려 주고 있으므로 그러한 정보들을 잘 활용하며 성경적 가치관이 옳음을 더 명료화하는 도구로 쓸 줄 알아야 한다. 성경적 성교육을 위해 유용한 자료들은 이 책 시리 즈를 통해 습득하거나 각종 서적과 인터넷을 통해 얻을 수 있다.

삶으로 보여 주는 성교육이 더 중요하다

무엇보다도 중요한 것은 부모가 삶을 통해 결혼과 생명, 사람 의 소중함을 보여 주는 것이다. 부부가 서로 사랑하는 모습, 가족 공동체가 하나님 안에서 하나 되기 위해 노력하는 모습, 기쁜 마 음으로 자녀를 양육하는 모습 등을 보여 주어야 한다. 부모 스스 로 결혼과 출산 과정에서 얻은 귀한 열매들에 감사하는 태도가 전제되어야 한다. 남편은 아내에게, 아내는 남편에게 사랑하는 마음을 표현하고, 부부가 아이들 앞에서 서로에게 존경과 감사를 표현하는 것이 매우 중요하다. 특히 어릴 적부터 이런 모습을 보 고 자란 아이들은 성경적 성가치관이 자연스럽게 형성되며 결혼 과 출산에 관한 기대를 저절로 품게 된다.

성경적 성교육을 위한 첫걸음: 단기 속성 워밍업

"나더러 주여 주여 하는 자마다 다 천국에 들어갈 것이 아니요 다
만 하늘에 계신 내 아버지의 뜻대로 행하는 자라야 들어가리라"
마 7:21

이 말씀은 단순히 언행일치를 가르치는 교훈이 아니다. 행위
구원론도 아니다. 성경은 행위 구원론을 철저히 배격한다는 사실
을 우리는 이미 알고 있다. 그러나 한 개인의 철학과 신앙, 인생
가운데 얻은 지혜, 영성과 인격 등 각종 내부 요소들이 하나의 완
결판으로 응집되어 결과물로 드러나는 것이 바로 '행위'임을 말
해 주는 구절이다.

내 신앙 성숙의 완결판인 우리의 '행동'을 우리 자녀들이 가장
가까이서 보고 있다는 것은 매우 중요한 시사점을 던진다. 사회
적 가면, 즉 페르소나를 벗은 채 집안에서 편하게 행동하는 우리
모습을 적나라하게 보는 존재, 내 영성의 기저부를 간파하는 존
재가 바로 우리 자녀들이다. 그리고 그렇게 드러나는 부모의 내
부 요소와 태도에 아이들은 직접적인 영향을 받을 수밖에 없다.
언어가 아닌 삶으로 보여 주는 신앙 영역이 너무나 중요하다.

성경적 성교육을 단숨에 망치는 방법

부모가 아무리 풍부한 성경 지식과 성지식으로 자녀를 가르쳐도, 삶에서 보여 주는 모습이 그 가르치는 메시지와 동떨어져 있을 때, 아이들은 혼돈을 경험하고 영적 분열을 느낀다. 부부간의 잘못된 행동으로 말미암아 자녀가 부부와 가족에 관해 비뚤어진 생각을 하게 되는 경우가 많다. 그 결과, 성가치관까지 왜곡되는 일이 많다. 이것을 막아야 한다.

학부모를 대상으로 '자녀 성교육의 가이드라인'을 강의할 때, "성경적 성교육을 한 번에 말아 먹는 방법"이라며 언급하는 게 있는데, 이 내용을 소개할 때마다 많은 학부모가 박장대소하며 공감하거나 때로는 심각한 표정으로 몰입하는 것을 볼 수 있었다. 그중 몇 가지만 소개하고자 한다.

부모가 성추문의 주인공이 되어 신문에 대서특필되거나 누가 봐도 지탄 받을 만한 성적인 문제가 있어야만 아이들의 성교육이 망가지는 것은 아니다. 부모의 사소한 행동 때문에 자녀의 자아존중감과 결혼관과 성가치관이 무너질 수 있다.

성경적 성교육을 한 번에 망치려면

성경적 성교육을 단숨에 망치려면 다음과 같이 하라.

1. 아이들 앞에서 큰소리로 부부 싸움을 하라. 자신의 의견을
   관철시키기 위해서 비아냥거리는 말투로 배우자의 과거 잘못
   을 들추어내며 공격하라. 인신공격을 일삼고, 결혼 전 이야기
   까지 끄집어내라.
   그러면 아이들은 생명의 근원인 부모가 자신을 욕하는 것 같
   은 착각에 빠진다. 그럼으로써 아이들의 자존감은 추락하고,
   마치 세계 전쟁이 난 것 같은 불안감에 휩싸이게 될 것이다.
   결혼은 후회할 만한 일이라고 아이들의 심령에 효과적으로
   각인되어 결혼을 거부하는 비혼주의자로 성장할 것이다.

2. 배우자의 부모와 형제자매를 한데 싸잡아 마구 헐뜯고 비난
   하라. 특히 배우자가 그 부모의 단점을 얼마나 어떻게 닮았는
   지를 열거하라.
   그러면 아이들은 그렇게 흠 많은 조부모 밑에서 자란 자기 부
   모의 성품에 관해 깊은 의구심을 품게 될 것이다. 그리고 조부
   모나 부모를 닮은 자기 모습을 저주하게 될 것이다. 생명의 근
   원인 부모가 조부모를 비난하는 것을 자주 들으면 들을수록 아
   이들의 심령은 쪼그라들어 가고, 수치심으로 위축될 것이다.

3. 부부 싸움이 끝난 뒤에는 아이들을 붙잡고, 배우자를 몰래 헐뜯으며 부모 자식 사이를 이간질하라. 자신은 옳고, 배우자가 틀렸다는 것을 강조하며 아이들에게서 심리적 동의를 얻어내고 싶은 자신의 철없고 미혹된 자아를 아이의 심령에 마구 쏟아 내라.

그러면 아이들은 자신을 부모의 감정 쓰레기통으로 여길 것이다. 부모를 닮은 자신을 수치스럽게 여기며 자책할 것이다. 자존감은 낮아지고, 자학의 길로 들어가게 될 것이다. 결국, 성장한 뒤에 자살 충동에 시달리게 만들 수도 있다.

4. 부부 싸움을 요란하게 한 뒤에는 마치 아무 일도 없었다는 듯이 TV를 켜고 소파에 기대어 앉아 막장 드라마를 즐겁게 시청하라. 혹은 노래를 흥얼거리며 온 가족이 먹을 음식을 요리하고, 그것을 아이들에게 차려 주고 먹으라고 하라. 배우자가 어디서 뭘 하든 신경 쓰지 말라. 아무렇지도 않게 자기 할 일을 하면 된다.

그러면 아이들은 부모의 싸움이 가정의 일상이 될 수도 있다는 불안감에 젖을 것이다. 급기야 분노와 싸움이 그치지 않는 집에서 가출을 꿈꾸게 될 것이다.

5. 부부 싸움을 마치고 나면, 반드시 각방을 써라. 배우자의 버릇을 고치기 위해서라도 절대로 물러서지 말고, 누그러지는

마음을 다잡고 냉전 상태를 유지하라. 절대로 자존심을 포기하지 말라. 아이들에게 자신이 얼마나 당당하고 꿋꿋한지를 보여 주라.

그러면 분방을 통해 사탄이 쉽게 틈탈 것이다. 이것이 바로 아이들의 결혼관과 부부관을 효율적으로 무너뜨리는 비법이다.

부부 싸움 후에 아이들이 마음에 걸린다면, 이렇게 수습하라

아이들에게 부부의 모습 그 자체가 성교육 현장이다. 아이들 앞에서 부부 싸움을 했다면, 이미 엎질러진 물이니 그냥 넋 놓고 있어야 할까? 그렇지는 않다.

1. 부모가 서로 사과하고 용서하며 화해하는 모습을 아이들에게 보여 주어라.

    그러면 아이들은 하나님이 맺어 주신 부부는 싸운 뒤에도 서로 용서하며 한 몸으로 돌아갈 수 있음을 보게 될 것이다. 그것을 통해 용서하고 사랑하시는 하나님을 느끼게 될 것이다. 그럼으로써 왜곡된 결혼관이나 배우자 상을 갖지 않게 된다.

    "우리가 우리에게 죄지은 자를 사하여 준 것 같이 우리 죄를 사

하여 주시옵고" 마 6:12

2. 가정 예배 시간에 배우자와의 결혼에 감사하며 그 열매로 자녀들을 주심에 감사하는 기도를 드려라. 굳이 길게 기도하지 않아도 된다. 30초 정도로 짧게 기도해도 충분하다.

그러면 아이들은 부모가 부부 싸움으로 마음이 상한 뒤에도 결혼과 배우자에 대한 감사를 잃지 않는 모습을 보고, 성경이 가르치는 신앙의 원칙을 지키며 살아가고자 노력하게 될 것이다.

3. 부부 싸움 후에도 분방하지 말고, 한방에서 잠자도록 노력하라. 부모가 주 안에서 회개하고, 더 나은 영성을 위해 나아가는 모습을 보여 주어라.

그러면 아이들은 성경적인 세계관 안에서 안정적으로 성장할 수 있을 것이다.

4. 부부 싸움이 끝난 뒤에는 하던 일을 잠깐 중단하고, 기도하는 시간을 갖거나 배우자와 화해하려고 적극적으로 노력하는 모습을 보여라.

그러면 아이들은 불안감을 떨치게 될 것이다. 결국, 아이들의 심령에 공포를 심으려는 사탄의 노력이 무산된다.

5. 배우자와 화해하기가 정 어렵다면, 아이들에게 도움을 청하라. "아빠가(혹은 엄마가, 즉 배우자를 지칭하며) 원래는 좋은 사람인데, 서로 참지 못하고 싸웠단다. 좋은 사람끼리도 가끔은 싸우기도 해. 너희들이 놀랐다면 미안하구나. 엄마 아빠가 화해할 수 있도록 기도해 줘"라고 기도를 요청해 보는 것도 좋다. 이때 배우자를 탓하지 말라.

그러면 아이들은 죄는 미워하되 사람은 미워하지 않는 법을 배우게 될 것이다.

성경 말씀이 진리임을 행동으로 선포하는 부모가 돼라

부모가 주일이면 예배에 참석하기 위해 정성껏 준비하고, 수요 예배나 금요 철야 예배에도 성실하게 참석하는 모습을 아이들에게 보여 주는 것은 매우 중요하다. 또한 가족이 함께 생활하는 일상 속에서 말씀을 사모하는 태도를 자녀들에게 자연스럽게 보여 주는 것 역시 그 못지 않게 중요하다. 성경적 성교육을 하려면, 성경을 최우선 순위에 두며 성경을 절대적 진리로 선포하는 부모의 태도가 바탕이 되어야 한다. 이것은 부모의 단순한 신앙 열기와는 다르다. 성경 말씀을 어떤 태도로 대하는가를 통해 그 가정에서 성경이 지니는 '지위'를 가늠할 수 있기 때문이다. 부모

너는 내 것이라

가 말씀에 목숨을 걸지 않는데, 말씀에 근거한 성교육을 해 봤자 아이들은 그 가르침이 진짜인가를 의심할 것이다.

> "태초에 말씀이 계시니라 이 말씀이 하나님과 함께 계셨으니 이 말씀은 곧 하나님이시니라 그가 태초에 하나님과 함께 계셨고 만물이 그로 말미암아 지은 바 되었으니 지은 것이 하나도 그가 없이는 된 것이 없느니라 그 안에 생명이 있었으니 이 생명은 사람들의 빛이라" 요 1:1-4

이 말씀이 공허한 울림이 아닌, 액면 그대로 살아있는 말씀임을 알고 암송하는 것이 좋다. 성경 말씀이 진리임을 선포하기 위해서, 가정 예배를 규칙적으로 드리거나, 아침마다 말씀 묵상의 시간을 가지는 것이 얼마나 유익한지를 모르는 사람은 없을 것이다. 그러나 많은 크리스천 양육자가 가정 예배를 시도했다가 실패한 경험담을 내게 들려주곤 한다. 성경 '일'독을 목표로 늘 머리에 띠를 두르지만, 결국 창세기 앞부분만 수십 번 '읽'독하고 있는 성도들과 비슷한 고민이다. 가정 예배나 큐티를 하기에는 엄두가 안 나니 생활 속에서 말씀을 실천할 수 있는 쉬운 방법을 가르쳐 달라는 성도들의 요청이 쇄도했다.

"가정예배를 드리거나 함께 말씀 묵상하기 등은 수도 없이 시도
해 봤지만 실패했습니다. 그보다 좀 더 쉬운 단계부터 알려 주시
면 좋겠어요."

이러한 하소연은 필자가 강의했던 어느 교회에서나 있었다.
그래서 고민 끝에 나만의 방법을 알려주었더니 오늘 당장 따라
할 수 있을 것 같다며 호응하는 사람들이 많았고, 실제로 가정 예
배나 큐티보다는 훨씬 즉각적인 실천율이 나타났다. 집안 곳곳에
성경 말씀을 붙이다 보면, 가정 예배나 큐티 등 다음 단계로 업그
레이드하기가 용이해진다는 점에 착안하여 시작한 방법이다.

말씀에 목숨을 건 모범 부모로
하루 만에 업그레이드되기 프로젝트

"수년간 가정 예배를 한 번도 못 드리고, 자녀들과 큐티 한 번
을 제대로 못 해 봤습니다. 우리 가족이 바로 실천할 수 있는 좀
더 쉬운 방법이 있을까요?"라며 근심하고 있는 크리스천 양육자
가 있는가? 걱정하지 마시라. 누구나 할 수 있는 간단한 프로젝트
가 있다. 일명 "말씀에 목숨을 건 모범 부모로 하루 만에 업그레이
드되기 프로젝트"다.

너는 내 것이라

■ 평소에 암송하고 싶던 성경 구절을 출력하거나 손 글씨로 적어서 집안 이곳저곳에 단정하게 붙여 놓는다. 이때 물이나 음료가 튀어도 글자가 번지지 않을 재료를 쓰는 것이 좋다(오염되어도 닦아 낼 수 있도록 아예 코팅해 놓는 것이 좋다).

■ 붙여 놓은 성경 구절을 수시로 읊조리고 암송하며 묵상한다. 성경책을 일부러 펼치거나 성경 애플리케이션을 켜지 않아도 되니 매우 효율적이다. 성경 구절은 다 외웠다 싶어도 금세 잊힐 수 있으므로 다 외웠어도 뜯어내지 않는 것이 도움이 된다(붙여 놓은 종이가 심하게 오염됐을 때는 다 외우지 못했어도 떼어 내고 다시 써서 붙여라).

■ 암송한 구절들을 따로 모아 놓는 게시판을 만들어도 좋다(넓은 빈 벽이 확보되어야 가능하므로 필수는 아니다).

■ 침대 위 천정에 붙여 놓아도 효과가 좋다. 일상생활에서 자주 눈길이 가는 곳은 아니지만 낮에 잠시 누워서 쉴 때에 단 1분이라도 눈뜬 채로 말씀을 보는 재미가 쏠쏠할 것이다. 이때도 그냥 '읽기'보다는 의도적으로 '암송'하려고 노력하라(이렇게 해서 불면증을 고쳤다는 사람도 더러 있다).

이 방법들은 아이들을 앉혀 놓고 성경 암송을 다 함께 시작하는 것보다는 매우 간단하여 즉각적인 실천이 용이하다. 성경적 성가치관을 가르치든, 성경적 역사관을 가르치든 성경적 가치관에 관한 모든 교육의 대전제는 "성경 말씀은 진리이며 무오하다"는 것이다. 이 사실을 아이들에게 행동으로 가르치는 쉬운 방법인 '성경 구절 붙이기'를 오늘 중으로 실천해 보라. 완벽한 재료들을 구하기 위해 날 잡아서 실천하려고 벼르지 않기를 바란다. 혹은 수십 장을 적어서 벽을 도배하려고 할 필요도 없다. 단 한 장만이라도 붙이라. 시작이 반이다.

자녀에게 성경 암송을 시켜 보려고 했지만 실패만 했다면, 이렇게 해 보라. "엄마(아빠)가 잘 외우는지 봐 줄래?" 하고 아이에게 부탁하면, 아이는 벽에 붙인 말씀들을 자연스럽게 들여다보게 된다. 이처럼 부모가 아이 앞에서 암송 구절을 외워 보는 것이 좋은 방법이다. 부모가 암송하는 모습을 본 아이들은 강한 도전을 받게 된다. 부모가 성경 말씀을 종이에 적고, 벽에 붙이는 등 암송하기 위해 노력하는 모습을 보여 주면, 그 모습이 아이들의 심령에 저절로 각인될 것이다. '우리 엄마(아빠)가 저렇게 열심히 외우시는 것을 보면, 성경 말씀이 정말로 진리인가 봐.' 이렇게 말씀에 관한 생각이 아이들의 심령 깊은 속에 차곡차곡 쌓이면, 인생의 결정적인 순간에 빛을 발하게 될 것이다.

너는 내 것이라

초신자 양육자도 즉각 실천할 수 있는 소통법

"이스라엘아 들으라 우리 하나님 여호와는 오직 유일한 여호와이
시니 너는 마음을 다하고 뜻을 다하고 힘을 다하여 네 하나님 여
호와를 사랑하라 오늘 내가 네게 명하는 이 말씀을 너는 마음에 새
기고 네 자녀에게 부지런히 가르치며 집에 앉았을 때에든지 길을
갈 때에든지 누워 있을 때에든지 일어날 때에든지 이 말씀을 강
론할 것이며 너는 또 그것을 네 손목에 매어 기호를 삼으며 네 미
간에 붙여 표로 삼고 또 네 집 문설주와 바깥 문에 기록할지니라"

신 6:4-9

말씀을 강론하는 것은 부모의 기본 의무인데, 강론은 차치하
고 소통을 위한 최소한의 통로조차 막힌 가정이 의외로 많다.

즉, 부모가 크리스천이든 아니든 자녀와의 소통 문제로 어려
움을 호소하는 가정이 늘고 있다는 말이다. 자녀와 대화다운 대
화를 못 해 본 지가 오래 되었다는 학부모들이 많다. 귀가하는 자
녀를 안아 줘 본 지가 얼마나 되었는지도 모르겠다는 부모들이
수두룩하다. 무엇보다도 먼저 십 대 자녀들과의 소통 기회를 확
보하라고 강력히 권하는 바다.

자녀와의 소통법을 가르치는 복잡한 이론 대신에 누구나 따라
할 수 있는 간단한 방법을 소개하고자 한다. 필자가 학부모 대상
의 강의를 수없이 해 오면서 가르쳤던 이 방법은 현장에서 높은

호응을 얻어 왔다. 그만큼 누구나 쉽게 효과를 볼 수 있는 기본적인 방법이다.

물론, 이는 자녀와의 모든 대화에 절대적으로 적용할 수 있는 만병통치의 방법은 아니다. 그러나 바로 손쉽게 배울 수 있는 방법이며 광범위하게 적용 가능한 안전한 방법의 하나다. 다음 5가지 방법을 상황에 따라 성령의 감동하심대로 각자 시도해 보면 좋을 것이다.

▌소통법 1. 공감해 주어라

아이가 언어적 혹은 비언어적 메시지를 전해 올 때, 양육자가 공감하는 태도로 대화를 시작하면 아이들은 쉽게 마음을 연다. 부모가 자신을 사랑한다는 믿음에 정서적인 안정감이 강화되는 효과가 있다.

경청이 출발점이다

공감을 위한 전제 조건은 바로 경청하는 자세다. 짧든 길든, 유익하든 유익하지 않든 십 대 자녀가 말을 걸어오면 일단 들어주어야 한다. 하늘에 계신 하나님 아버지께서도 자녀가 땅에서 구하는 것을 들으신다고 하신 것을 기억하라. 아이의 말을 무시하고 경청하지 않는다면, 아이는 입을 닫아 버리게 될 것이다.

경청을 할 때는 고개를 끄덕이거나 언어로 반응을 보이는 등

'적극적인 듣기'를 하고 있음을 '드러내는' 것이 좋다. 부모의 일관성 있는 경청 태도가 아이에게 부모와의 소통 욕구를 불러일으키며 심리적인 안정감을 준다.

_부모의 일관성 있는 경청 태도는 부모와 아이 간의 소통을 위한 출발점이다

5회 연속 공감하기 대화법을 익혀라

자녀가 처한 상황에 부모 자신을 이입하여 생각하면서 공감을 표현하라. 이때 과몰입하거나 흘려듣지 말고, 균형 있게 호응해주는 것이 좋다.

예를 들어, 자녀가 "공부하기가 너무 힘들어요. 시험 범위도 아직 안 나왔는데, 이번 시험이 걱정돼요"라고 불안감을 호소할 때, 부모들은 흔히 일말의 공감도 없이 비전을 제시하거나 문제 해결을 지시하기 일쑤다.

"그래도 시험 기간이니 공부해야지. 너만 힘든 것도 아니고 고2가 다 그런 거 아니야? 그리고 이번엔 성적을 반드시 올려

한다고 네 스스로 말했잖아. 주스 갖다 줄 테니 씻고 공부하며 마셔."

부모의 이런 대응은 아이가 힘들어하는 것에 공감을 표현하지 않고, 곧바로 행동 요령을 제시함으로써 부모와 소통하고 싶은 아이의 욕구를 무너뜨릴 수 있다. 그러면 자녀와의 관계가 건조해질 수밖에 없다.

"힘들긴 뭐가 힘들어! 학생이 공부하는 게 당연하지. 그게 지금 고2가 할 말이냐? 시험 기간에 그 정도 공부도 안 하는 애가 어딨니? 엄마가 어렸을 때는 과외나 학원도 없었어. 학교 공부하느라 힘들었어도 그런 말은 안 해 봤다. 어서 씻고 들어가서 공부해!"

이것은 아이의 입을 아예 막아 버리는 나쁜 대화법이다. 자녀와의 관계가 건조해지는 정도가 아니라 아예 콘크리트 철벽을 쳐 놓은 듯이 막혀 버릴 수도 있다.

필자가 중독상담학을 공부하면서 체득한 요긴한 방법은 바로 '5회 연속 공감하기 대화법'이다. 예를 들어, "공부하기가 너무 힘들어요. 시험 범위도 아직 안 나왔는데, 이번 시험이 걱정돼요"라며 현관문을 열고 들어오는 자녀에게 이렇게 말해 보라.

"시험공부 하느라 힘들겠구나. 어제도 늦게 잤는데 아직도 공부할 게 남아 있으니 그럴 만도 하겠네. 엄마도 고등학교 때 시험만 없으면 얼마나 좋을까 하는 생각이 문득문득 들었어. 너도 그렇겠지. 이상하게도 엄마는 시험 기간만 되면 공부 말고 배드민

너는 내 것이라

턴을 치고 싶어지더라니까.”

먼저 이렇게 대화를 시작한다면, 이는 공감을 총 다섯 번 표현한 대화법에 해당한다. 그리고 이 5회 공감의 표현 문장은 30초도 소요되지 않는다. 그러나 그 효과는 지대하다. 부모가 자녀의 말에 공감해 준다면, 소통의 길은 반드시 열릴 것이다. 우리의 작은 신음에도 응답하시는 주님을 기억해야 한다.

> “또 아비들아 너희 자녀를 노엽게 하지 말고 오직 주의 교훈과 훈계로 양육하라” 엡 6:4

모든 대화에 무조건 공감부터 보일 필요는 없다. 그러나 필요에 따라 공감을 표현하는 것으로 반응해 주면 소통의 물꼬를 트기가 쉬워진다. 아이가 자신의 어려운 상황뿐만 아니라 희노우사비공경(喜怒憂思悲恐驚)의 칠정(七情)을 공감해 주는 태도가 필요하다.

▌소통법 2. 바른 비전을 제시하라

공감으로 가볍게 대화를 시작하되 공감으로만 그쳐서는 안 된다. 아이에게 하나님 안에서의 바른 방향성을 제시하려고 노력하라. 즉 단기적 비전이든 장기적 비전이든 제시를 해 주어야 한다. 바른 방향으로 이끌어 주지 않고, 공감만 하다가 끝내는 것은 ‘강론 없는 대화'와도 같다. 그렇다고 대화마다 성경 구절을 인용하라는 뜻이 아니다. 자기 뜻을 하나님의 뜻인 양 성경 구절을 남용하면, 아이가 하나님에 관해 왜곡된 이미지를 갖게 될 수도 있다.

앞에서 예를 든 대화를 계속 이어가 보자. 시험을 앞둔 아이의 불안감에 이른바 '5회 연속 공감하기 대화법'으로 반응한 직후에 "힘들긴 하지만 그래도 시간을 잘 활용해야 하는 시험 기간이니 철이가 덜 힘들게 뭐라도 도와주고 싶네. 공부하려면 비타민 C로 피로를 푸는 게 좋을 것 같긴 한데. 주스 한 잔 갖다줄까?"라고 공부에 집중하여 최선을 다하라는 '비전 제시'로 자연스럽게 넘어간다면 좋을 것이다.

종합적으로 '5회 연속 공감하기'와 '비전 제시하기' 대화 문장을 이어 붙이면 다음과 같이 완성된다.

"시험공부 하느라 힘들겠구나. 어제도 늦게 잤는데 아직도 공부할 게 남아 있으니 그럴 만도 하겠네. 엄마도 고등학교 때 시험만 없으면 얼마나 좋을까 하는 생각도 문득문득 들었어. 너도 그렇겠지. 이상하게도 엄마는 시험 기간만 되면 공부 말고 배드민턴을 치고 싶어지더라니까."(여기까지는 공감)

"힘들긴 하지만 그래도 시간을 잘 활용해야 하는 시험 기간이니 철이가 덜 힘들게 뭐라도 도와주고 싶네. 공부하려면 비타민 C로 피로를 좀 푸는 게 좋을 것 같은데, 주스 한 잔 갖다줄까?"(비전 제시와 독려)

공감적인 표현은 자녀가 자신이 처한 상황 자체에만 몰입하여

너는 내 것이라

그 상황 자체가 자기 자신이 되는 매몰 상태가 되는 것을 막아 주고, 메타 인지적으로 바라봄으로써 극단적인 선택을 하지 않도록 해준다. 기독교적 관점에서 메타 인지의 궁극적인 지평은 바로 하나님의 시선이다. 하나님의 시선으로 자신과 세상을 바라보는 경지에 이르고 자신을 하나님의 시선 앞에 두는 것이다. 이것이 코람 데오(Coram Deo)다.

부모로서의 권위는 필요하다. 그러나 권위주의적인 부모가 되어서는 안 된다. 권위 자체가 나쁜 게 아니라 권위적인 태도가 나쁨을 알아야 한다. 사랑하는 마음을 표현하면서 지혜롭게 권위를 세워야만 온전한 역동이 일어난다. 연약한 자에게 연약한 식물을 주는 마음으로 아이의 눈높이에서 대화를 시작하고 소통해 나간다면 어떤 강력한 비전도 제시할 수 있게 된다.

그러나 아이와 친해지기 위해 부모로서의 권위를 포기해서는 안 된다. 가끔 친구 같은 부모가 되어 주는 것도 필요하지만, 친구가 되어 버린 부모는 위험하다. 부모는 없이 친구만 있는 아이는 방임된 것이나 다름없다. 그러므로 사춘기 자녀와 소통할 때는, 공감하는 대화에서 끝내지 말고 하나님이 기뻐하시는 방향으로 이끌어 주는 비전 제시까지 해 주는 것이 유익하다.

▮ 소통법 3. 아낌없이 그러나 과하지 않게 칭찬해 주어라

부모로서 칭찬해 줄 만한 것이 있으면, 사소한 일이라도 적극적으로 찾아내어 칭찬해 주는 것이 좋다. 특히 자녀가 하나님이 보시기에 기뻐하시는 일을 할 때, 부모가 칭찬해 주면 바람직하다. 합당한 칭찬은 자녀와 부모를 모두 기쁘게 하며 칭찬받은 행위를 반복하고 싶게끔 강화해 준다. 잘못된 행동을 야단치고 교정하는 것보다도 잘했을 때 격려와 칭찬을 아끼지 않는 것이 100배 더 효과적이다.

칭찬할 때는 과장 없이, 부담을 주지 않으면서도 진솔하게 하는 것이 좋다.

예를 들어, 재활용 쓰레기 분리 배출을 도운 자녀에게 "쓰레기 분리 배출을 도와주다니 우리 ○○이는 착하기도 하지"라고, '착한'이라는 형용사로 한정 지어 칭찬하는 것은 오히려 아이에게 부담감을 줄 수 있다. 그것보다는 "○○이가 도와주어서 엄마 일이 반으로 줄었네. 20분에 할 일을 10분 만에 끝냈어. 고마워"라고 말하는 것이 좋다. 과정과 마음을 기술하는 서술적인 칭찬이 부담감을 주지 않고, 더 효과적이다.

마찬가지로 "성경 골든벨 대회에서 만점을 받아오다니, 우리 ○○이는 천재로구나"라고 말하는 것보다 "그동안 정말 열심히 노력하는 것 같아 보이더니 해냈구나, 무척 기쁘네"라고 말하는 편이 덜 부담스럽다.

또 "○○이가 아빠 구두를 닦아 두었네. 역시 성실한 아이야"라고 말하는 것도 좋지만, "○○이가 아빠 구두를 닦아 주어서, 오늘 하루 회사에서 일하는 내내 힘이 났었어"라고 칭찬해 준다면 아이는 그 일을 계속해 나갈 힘을 얻는다.

그리고 칭찬할 때는 기뻐하는 마음을 숨김없이 드러내는 것이 좋다. 또한 아이가 기뻐하는 일에 같이 기뻐해 주는 것이 슬플 때 같이 슬퍼해 주는 것만큼이나 중요하다.

▌소통법 4. '사랑해', '고마워', '미안해'는 모국어로

평소에는 우리말로 잘 대화하다가 "고마워"라고 말해야 할 대목에서는 "땡큐~"라고 말하는 경우가 많다. 아이에게 평소에 가족이 함께 쓰는 모국어로 정확히 "고마워"라고 말해 볼 것을 권한다. 이것은 비단 부모와 자녀 간에만 해당하는 얘기는 아니다. 친구 간에도 미안한 일이 생기면, "쏘리~" 하고 가볍게 말하며 넘어가는 일이 많다. 너무 미안할 때는 "쏘리, 쏘리" 두 번을 연달아하고, 너무 고마우면 "땡큐, 땡큐"를 연발하곤 하지만, 일상적인 언어에 마음을 담아 진정성 있게 표현하는 것이 매우 중요하다.

왜냐하면 대화하는 두 사람이 사용하던 모국어가 아닌 "땡큐"나 "쏘리"처럼 제3의 언어로 말하는 것은 고맙고 미안한 마음을 에둘러서 표현하려는 태도이기 때문이다. 혹은 자기 마음을 직면하지 않고 넘어가려는 심리 혹은 자존심을 내세우려는 심리가 깔려 있기도 하다.

예를 들어, 심부름으로 물 한 잔을 가져온 아이에게 "땡큐~"라고 말하는 것보다는 "고마워"라고 말하는 게 낫고, 그냥 고맙다고 말하는 것보다는 "○○아, 고마워"라고 말하는 게 낫고, 나아가 "○○아, 고마워. ○○이 덕분에 물을 마시고 나니 시원하구나"라고까지 해 준다면, 고마운 마음이 충분히 전달될 것이다. 필자는 "○○아, 고마워. 물 한 잔을 마시고 나니 목이 시원하네, 하나님이 우리에게 물을 주셨으니 참 감사하다. 그렇지 않니?" 하고 표현해 보기도 한다.

"사랑해", "고마워", "미안해" 같은 말은 일상적인 언어, 즉 모국어로 진솔하게 표현하는 것이 좋다. 해외에 거주하는 한인 가정의 경우 집안에서 쓰는 상용어가 영어나 일어 등 외국어인 경우가 있다. 이런 경우는 모국어가 아닌 집안에서 상용하는 그 나라 언어로 표현하면 된다. 해외 교민 가정이라 할지라도 집안에서 모국어로 대화하는 집이라면 모국어, 즉 한국말로 표현하면 된다.

자녀와의 소통을 여는 방법은 의외로 간단하다. 에두르지 말고 진솔하게 마음을 표현해 보라.

▌소통법 5. 자녀를 자주 안아 주어라

온전한 10초의 안아 줌을 우리 자녀에게

사탄은 예수님도 공격했다. 그런 사탄이 예수님의 자녀인 차세대들을 공격하지 않겠는가?

"근신하라 깨어라 너희 대적 마귀가 우는 사자 같이 두루 다니며 삼킬 자를 찾나니" 벧전 5:8

죄악의 쓰나미 속에 서 있는 우리 아이들을 바라보고 있노라면, 달려가서 안아 주고 싶다. 필자는 고등학생과 중학생, 두 아이를 자주 안아 주는 편이다. 특히 자녀가 미성년자일 때, 많이 안아 줄 필요가 있다. 안아 줄 수 있을 때, 많이 안아 주어라.

바울은 "너희는 거룩하게 입맞춤으로 서로 문안하라(롬 16:16, 고전 16:20)"고 말했고, 베드로도 편지에서 "너희는 사랑의 입맞춤으로 서로 문안하라(벧전 5:14)"고 말했다. 거룩한 입맞춤의 인사는 초대교회부터 행하여진 성도의 인사법인데, 당시 교제의 중요한 요소라는 것을 알 수 있다. 여기서 거룩한 입맞춤이란 남녀 간의 애정 표현이 아니라 이것은 당시 유대인 남자끼리 서로 안아 주면서 서로 뺨을 맞대는 안부 인사의 형태로 깊은 친밀감(intimacy)을 표현하는 신체 접촉인 것이다. 우리나라 문화로 치면, 남자 성도끼리, 혹은 여자 성도끼리 하나님 안에서 형제애와 자매애를

_부모가 아이를 10초간 온몸으로 안아 줌으로써 잘못된 스킨십을 막아 내고, 아이 자신이 얼마나 소중한 존재인지 느끼게 해 줄 수 있다

확인하며 악수하고 서로 가볍게 포옹하는 정도를 떠올릴 수 있다. 물론, 우리 문화에서는 사도 바울이 살던 시절의 풍습대로 입맞춤하며 인사할 필요는 없다.

친밀함에 근거한 바른 신체 접촉, 즉 스킨십은 성애화로 말미암은 음란한 신체 접촉이나 간음적인 생각과 길항 작용(antagonism)을 한다. 가족 구성원 간의 친밀함을 순수하게 표현하는 자연스러운 신체 접촉은 음욕을 불러일으키는 잘못된 스킨십을 막아 낸다는 뜻이다.

부모가 아이를 10초간 온몸으로 안아 줌으로써 그 아이가 자신이 얼마나 귀중한 존재이며 하나님이 얼마나 사랑하시는 존재인지를 느끼게 해 줄 수 있다. 자신이 온전히 받아들여지고 있다는 사실을 느끼는 아이는 자신도 다른 사람들과 세상을 따뜻한 시선으로 바라보게 될 것이다.

온기와 함께
사랑이 전해지는 허깅법

부모가 아이를 품에 안기만 해도 온기와 함께 사랑이 전달되기 마련이다. 아이를 안을 때, 등을 두드리거나 안고 빙글빙글 돌리거나 너무 말을 많이 하지 않기를 바란다.

너는 내 것이라

1. 아무 말 하지 말고

2. 되도록 10초 이상

3. 가만히 안아 주어라

부모가 평소에 안아 주지 않던 가정의 사춘기 자녀라면 허깅을 거절할 수도 있다. 자녀가 "아이, 왜 그래?" 하며 뿌리치는 바람에 상처를 받아 우는 부모도 있었다. 그럴 때는 이렇게 말해 보라.

"엄마가 ○○이를 사랑하면서도 안아 주지 않은 게 후회돼서 그래."

아니면 그냥 "○○이가 좋아서"라고만 말해도 쑥스러워하던 아이가 기뻐하며 안아 주더라는 경험담을 듣곤 한다. 어떤 학부모는 "성교육 강사님이 사랑하는 사람을 10초간 안아 주라는 숙제를 내서 엄마는 ○○이를 10초간 안아 주어야 해"라고 말하며 안아 주기에 성공했다고 말하여 강의장 학부모들이 다 같이 폭소를 터뜨린 적도 있다.

가족만의 오락 시간을 만들어서 자연스럽게 안아 주고, 손을 잡아 주는 것도 좋은 방법이다. 가정 예배를 드리는 집이라면, 예배를 준비하는 시간에 서로 안아 주는 것도 좋다. 아이가 귀가할 때도 안아 주기에 좋은 시간이다.

건전한 스킨십은 뇌 발달에 도움이 된다

근래 '캥거루 케어(kangaroo care)'라는 이름의 육아 방식이 전 세계적으로 유행하고 있다. 원래 캥거루 케어는 캥거루가 일찍 태어난 새끼를 육아낭에 넣어 키우듯 미숙아를 엄마 품에 안아 키우는 치료법이었다. 콜롬비아의 한 병원에서 부족한 인큐베이터와 의료 장비의 미비함을 대체하기 위해 어쩔 수 없이 개발하게 된 치료법이다. 그런데 산모와의 접촉이 미숙아의 감염(infection) 위험을 줄여 주고, 신경 계통의 발달을 도와주는 효과를 발견했다. 또한 산후 우울증에 빠진 산모의 감정을 치료하는 효과까지 나타나서 급기야 산모와 아기의 스킨십을 극대화하는 이른바 캥거루 케어법이 널리 유행하게 되었다.[3]

어릴 때 충분히 안아 주는 손길이 없었던 아이들은 발달이 지체되면서 뇌의 성장이 더디다는 연구 결과가 있다. 보육원과 같은 집단 양육 시설에서 키워지는 아이들을 대상으로 한 연구에서, 의식주는 부족할 것 없이 충분히 제공되어도, 사람의 손길을 거의 받지 못하고 자란 아이들은 그렇지 않은 아이들보다 뇌가 크게 손상되었다는 보고는 이미 널리 알려져 있다.

입양된 아이들을 대상으로 IQ 검사를 한 결과, 고아원에서 4개월 이상 지내지 않고 바로 입양된 아이들은 평균 IQ가 98인데 비해, 고아원에서 19개월 이상 살다가 입양된 아이들의 평균 IQ는 90에 불과했다. 평범한 가정에서 자란 또래 아이들의 평균 IQ가 109라는 점을 감안할 때, 이는 매우 낮은 수치다. 대부분의 아이가

너는 내 것이라

애착과 과잉 행동, 대인 관계 능력 등에서 다양한 정서적 문제를 보였다. 이는 지능을 관장하는 뇌 부위뿐 아니라 정서를 담당하는 뇌 부위까지도 적절하게 성장하지 못했음을 의미한다.[4] 스킨십을 통한 건강한 애정 자극이 얼마나 중요한지를 알 수 있는 실험이다.

아이와 함께 목욕하거나 아이를 꼭 껴안아 주는 등의 건강한 피부 자극은 아이의 두뇌 발달과 정서 발달에 도움이 된다. 건전한 피부 접촉은 아기뿐 아니라 아동 및 청소년과 성인들에게까지도 정서적 안정감과 행복감을 준다.

가족이 모였을 때, 서로 등을 두드리며 어깨를 주물러 주거나 손을 잡고 기도와 찬양을 한다면, 집안 분위기가 한층 밝고 따뜻하게 바뀔 것이다. 가족 간의 건전한 스킨십은 마음 밭을 부드럽게 일구어 준다. 무엇보다도 가족 구성원 간의 응집력을 높여 주는 역할을 한다. 아이는 자신이 사랑받고 있음을 확인하고, 인간과 인간이 상호 교류하며 비언어적으로도 의사소통하는 방법을 자연스럽게 배우게 된다.

하나님도 우리를 안아 주신다

이사야 46장 3절에는 "배에서 태어남으로부터 내게 안겼고 태에서 남으로부터 내게 업힌 너희여"라는 표현이 나온다. 또 이사야 40장 11절에는 "그는 목자같이 양 떼를 먹이시며 어린 양을 그 팔로 모아 품에 안으시며 젖 먹이는 암컷들을 온순히 인도하시리로다"라고 쓰여 있다. 이처럼 하나님이 우리를 두 팔로 안으시는 모습이 성경 곳곳에 묘사되어 있다. 예수님이 들려주신 '탕자의 비유'에서도 집으로 돌아온 둘째 아들을 아버지가 끌어안아 주었다. 예수님은 세상에 계실 때에 아이들을 안고 축복해 주시곤 했다. 그리고 하나님 나라가 바로 이런 자들의 것이라고 선언하셨다. 품에 안는다는 것은 사랑과 용서, 수용과 감사의 총체적인 표현이다.

스킨십은 인간이 태어나서 처음으로 배우는 소통법이라고 할 수 있다. 갓난아기가 젖을 먹는 엄마의 품에 안기는 것은 '끼니 공급' 이상의 의미가 있다. 접촉을 통한 감정적 교류는 몸과 마음에 영향을 미친다. 순천향대학교 서울병원 소아정신과 이연정 교수는 "미숙아라도 엄마가 아이를 품에 안고 쓰다듬는 '캥거루 케어'만으로 체중이 하루에 평균 40%나 증가한다"며 "가족 간 자연스러운 스킨십은 자녀뿐 아니라 부모의 신체·정신 건강에도 긍정적인 영향을 미친다"고 말한다.

사랑하는 가족과의 포옹이나 스킨십은 에피네프린(epinephrine)과 부신피질 호르몬 등 이른바 스트레스에 반응해 분비되는 호르몬의 분비량을 감소시키기 때문에 스트레스를 완화시키는 것과 유사한 효과를 낸다. 필자의 경우도, 귀가하는 아이를 안아 주는 것은 기쁘고 설레는 시간이다. 말로 설명할 수 없는 충만한 기쁨을 느낄 수 있다.

가족 스킨십은 우울증, 불안감 등 정신 질환의 위험을 낮추어 준다. 이런 효과는 특히 남성에게 더 크다. 서울대학교병원 어린

이병원의 김붕년 교수는 "남성은 여성보다 감각 자극을 추구하는 경향이 강한데, 사회적으로 이를 억압받다 보니 고독감이나 외로움을 느끼기가 쉽다"며 "가족 사이에서 스킨십을 배우고 실천하며 '접촉 결핍'을 채우면 정신 건강에 이롭다"고 말한다. [*5]

피부와 뇌는 태아 시기 외배엽에서 각 기관으로 분화한다. 즉 발생 기원이 하나인 것이다. 따라서 피부와 뇌는 신경을 통해 긴밀하게 상호 작용할 수밖에 없다. 뇌가 형성되는 만 5~6세 이전의 신체 접촉은 뇌를 제대로 조직하고 구성하는 데 필수적인 요소이며 청소년과 성인도 신체 접촉으로 뇌를 자극하면, 뇌 속 연결망이 확충돼 뇌가 발달한다. 가족 간의 스킨십이 뇌 발달에 도움이 되는 것이다.

가족 간의 안정적인 스킨십은 세로토닌(serotonin) 분비를 촉진시켜 혈관 건강에도 좋다. 강남세브란스병원 내분비내과 안철우 교수는 "세로토닌은 혈소판 작용을 억제해 혈전(피떡) 위험을 낮추고, 혈액 순환을 돕는 등 혈관 건강에 직접적인 영향을 미친다"고 말한다. 또한 고혈압과 혈관 세포 괴사를 일으킬 수 있는 부신 피질 호르몬의 비정상적 분비를 줄여줌으로 혈관 건강에 도움이 된다.

노스캐롤라이나 대학은 가족과 연인 등 100쌍을 대상으로 절반은 손을 잡거나 포옹하는 등 스킨십을 하게 하고, 나머지는 접촉을 제한한 뒤에 스트레스를 받았던 상황을 서로 이야기하게 했다. 이후 혈압과 심장 박동 수를 측정한 결과, 스킨십을 한 쪽은

각 수치의 개선 폭이 그렇지 않은 쪽의 두 배에 달했다.[*6]

가족 간의 건강한 스킨십은 면역력도 높여 준다. 친밀한 사람과의 접촉은 세로토닌, 도파민(dopamine), 옥시토신(oxytocin)의 분비를 늘려 주는데, 이러한 호르몬들은 항암 면역 세포라고도 불리는 NK세포(natural killer cell) 등 면역 세포를 활성화시켜 면역력을 향상시킨다.[*7] 자녀를 안아 주고 보듬어 주는 것이야말로 천연 보약인 것이다.

그러나 가족 간이라 할지라도 아이가 싫어하는데 부자연스럽게 접촉하면 오히려 역효과를 낸다. 특히 사춘기 아이들은 친밀한 신체 접촉을 꺼릴 수 있다. 이때는 손잡아 주기, 등 두드려 주기, 하이파이브, 어깨동무 등 친밀함을 표현할 수 있는 여러 가지 스킨십을 적당한 때에 적절하게 하는 것이 좋다. 사랑의 메시지를 전하는 마음가짐으로 안아 주어라.

해리 할로우 박사의
원숭이 애착 실험

미국의 심리학자 해리 할로우(Harry F. Harlow)가 원숭이를 대상으로 흥미로운 실험을 했다. 갓 태어난 새끼 원숭이가 터치(touch)에 어떻게 반응하는지를 알아보는 애착 실험이었다. 먼저 갓 태어난 원숭이를 어미로부터 격리하는 것으로 실험이 시작되었다. 서로

너는 내 것이라

다른 우리에 4마리씩 들여보냈다. 한쪽 우리에는 철사로 만든 어미 인형이 있는데 젖병이 달려 있고, 다른 쪽 우리에는 헝겊으로 덮인 어미 인형이 있는데 젖병을 달아 놓지 않았다. 철사 어미 인형이 있는 쪽의 아기 원숭이는 젖을 먹을 때만 어미 인형에게 다가갔고, 헝겊 어미 인형이 있는 쪽의 아기 원숭이는 온종일 어미 인형에게 붙어 있었다. 즉 젖이 나오지 않더라도 따뜻한 품에 안기는 것을 더 좋아했던 것이다. 특히 무서움을 느낄 때는 더더욱 헝겊 어미 인형 쪽으로 향했다. 할로우 박사는 "사랑이란 배고픔에 대한 욕구 충족으로부터 생기는 것이 아니라 부드러운 스킨십에서 생기는 것"이라고 결론 내렸다.[8]

_해리 할로우 박사는 붉은털 새끼 원숭이로 스킨십의 중요성을 밝히기 위한 실험을 했다

무너지기 전에 지금 안아 주어라

2008년 중국 쓰촨성에 대지진이 일어났다. 당시 진흙더미에 묻힌 모녀의 시신이 발견되었는데, 9살 딸아이를 온몸으로 안아 보호하고 있던 어머니의 모습이 중국인뿐 아니라 전 세계인의 심

금을 울렸다.

　죽음의 공포 앞에서 살고 싶은 본능을 뛰어넘어 딸을 지키고
자 딸을 끌어안아 보호막이 되기를 자처했던 어머니의 손에는 저
녁 식사를 하기 위해 들고 있던 젓가락이 그대로 있었다. 모녀는
사망했지만, 이 한 장의 사진이 많은 생각을 던져 주었다.

　_2008년 쓰촨성 대지진 당시 9살 딸을
품에 안은 채 죽은 어머니가 진흙더미에서
발견되었다. 저녁 식사를 하던 중이었는지
엄마의 손에는 젓가락이 쥐여 있었다

　갑자기 흙더미가 집을 덮칠 때, 자녀를 방패막이로 삼을 부모
는 드물다. 대부분의 부모가 자녀를 보호하기 위해 필사적으로
노력할 것이다. 필자는 학부모 대상 강의장에서 꼭 청소년 자녀
들을 안아 주라고 강조한다. 그리고 종종 이 말을 덧붙인다. "여
러분이 자녀를 안아 주지 않으면 여러분의 자녀는 '양육자가 안
아 주지 않은 청소년'으로 자라난 채 성년기를 맞이한 사람이 되
어 버립니다. 하나님은 여러분을 당신 자녀들의 부모로 세우셨습
니다. 80억 인구 중에 여러분 자녀를 안아 줄 바로 그 사람은 이
곳에 오신 여러분입니다."

　　　　　　　　　　　　　　　　　　　너는 내 것이라

"성경적 성교육을 위한 소통과 준비"
Activity

자녀들과 친밀한 관계를 형성하고 성경 말씀의 귀중함과 가족의 소중함을 느껴보기 위한 세 가지 활동을 소개한다.

---

1. 서바이벌 키트에 담을 말씀 카드 만들기

베트남 전쟁 당시 미군 전투기 안에는 서바이벌 키트(survival kit)라고 불리는 생존 장비가 실려 있었다. 전투기가 적진 한가운데에 추락하여 낙오자가 될 경우에 대비해서, 생존하는 데 필요한 지도, 나침반, 비상식량, 권총 등 100여 가지 물품을 키트에 담았다. 그런데 그 모든 것이 허사가 된 마지막 순간에도 영원한 소망을 주는 물품이 하나 들어 있었다. 그것은 바로 한 장의 카드였다. 과연 어떤 카드였을까? 세계 어디에서나 사용할 수 있는 신용카드도 아니었고, 지루함을 이기기 위한 놀이용 카드도 아니었다. 바로 시편 23편이 쓰여 있는 말씀 카드였다.

아이에게 이 이야기를 들려주고 나서 가족이 함께 시편 23편을 쓴 '나만의 말씀 카드'를 만들어 보라. 도톰한 종이와 볼펜이나 유성펜을 준비하라. 내친김에 암송 카드를 여러 장 만들어 보는 것도 좋다. 신용카드를 본으로 그리면 크기가 알맞을 것이다. 말씀 카드를 만들면서 죽음이 목전인 순간에도 힘이 되는 것은 오로지 하나님의 말씀뿐임을 들려주어라.

2. 쪽복음을 만들고 북한을 위해 기도하기

우리는 성경책을 지척에 두고도 읽지 않고 암송하지 않을 때가 많다. 그런데 북한에서는 성경책을 가지고만 있어도 사형될 수 있다. 성경을 읽으려면 죽음을 무릅써야만 하는 공산당 독재 국가이기 때문이다. 그래서 북한의 지하교회 성도들은 쪽복음을 가지고 다니며 읽는다고 한다. 쪽복음이란 말 그대로 성경의 일부만 필사한 종이다.

온 가족이 쪽복음을 만들면서, 성경을 마음껏 읽고 쓰고 암송할 수 있는 나라에서 사는 것에 감사하며 북한의 크리스천들을 위해 기도하는 시간을 가져 보라. 가장 짧은 성경(예시_유다서)을 온 가족이 나누어 필사로 완성해 보는 것도 좋다.

_북한의 지하교회 성도들이 죽음을 무릅쓰고 가지고 다니며 읽는 쪽복음 *9

90

3. 집의 소중함을 느낄 수 있는 나무 상자 놀이

길을 가다가 우연히 크고 튼튼한 나무 상자를 발견했다. 온 가족이 누워 잘 수 있을 정도로 큰 상자다. 앞으로 3일간 이 나무 상자를 타고 하늘을 날아다닐 수 있다면, 무엇을 담아서 다니면 좋을지 의논해 보라. 비가 올 때를 대비해 우산을 챙기자고 할 수도 있고, 배고플 때 먹을 식량을 가득 싣자고 할 수도 있다. 상상력을 동원하여 이야기를 완성해 보라. 출발지와 도착지도 정해 보라.

- 상자에 무엇을 담으면 좋을까?
- 어떤 일을 대비해야 할까?
- 상자 안에서 무엇을 하며 시간을 보내면 좋을까?
- 화장실 문제는 어떻게 해결하나?
- 집이 왜 소중한가?

이것은 자녀가 미취학 아동이거나 초등학교 저학년일 때, 유용한 활동이다. 실내용 풀장 같은 것을 활용하면 더욱 실감 날 것이다.

You are mine

2장

미디어와 차세대

차세대의 손안에 있는 스마트폰은

그들에게

'음란물이 찾아가는 서비스'를

하고 있다

태어나 보니 손안에 스마트 기기가 쥐어진 세대

디지털 네이티브와 스마트폰

'디지털 네이티브(digital native)'는 2001년 미국의 교육학자 마크 프렌스키(Marc Prensky)가 처음 사용한 용어다. '디지털 원주민'이라는 의미로, 태어나면서부터 개인용 컴퓨터, 인터넷, MP3, 스마트폰, 전자 게임기와 같은 각종 디지털 기기가 상용화된 디지털 환경 속에서 살게 된 세대를 말한다. 베스트셀러 《디지털 네이티브》의 저자 돈 탭스코트(Don Tapscott)는 책에서 "베이비붐 세대가 TV라는 미디어를 중심으로 문화의 변화를 주도했다면, 그 이후에 나타난 디지털 네이티브 세대는 인터넷을 통해 새로운 변화를 주도하는 세대"라고 주장했다. 태어나 보니 이미 온 세상이 디지

_태어나 보니 온 세상이 디지털 기기로 둘러싸여 있고, 손안에 스마트 기기가 쥐어져 있는 우리 자녀들을 '디지털 네이티브'라고 말한다

털 기기로 둘러싸인 세대, 태어나 보니 손안에 스마트 기기가 쥐어져 있는 세대, 다름 아닌 바로 우리 자녀들을 일컫는 말이 바로 디지털 네이티브인 것이다.

필자가 대학을 다니던 시절을 떠올려 보면, 동기들 대부분이 과제물을 리포트용 노트나 종이에 손으로 써서 제출했다. 리포트용 노트는 학교 매점이나 문구점에서 판매했는데, 페이지마다 학교 이름과 로고가 연하게 인쇄되어 있었다. 당시 과제물은 손으로 적어 내는 것이 당연한 일이었고, 그래서 대부분의 학생들 책상 서랍 속에는 리포트용 용지가 필수품처럼 갖춰져 있었다.

졸업 후 20대 중반쯤(1990년대 중후반) 되어서 퍼스널 컴퓨터라는 것이 필자의 작업실에 들어오게 되었다. 즉 대학을 졸업하고 나서야 내 컴퓨터가 생긴 것이다. 당시 필자의 꿈이 만화가였던

_1980년대에 현대전자가 미국 시장에 내놓은 국산 퍼스널 컴퓨터. 당시 본체 가격만 699달러였다 *1

너는 내 것이라

터라 그림 작업을 위해 컴퓨터를 구입한 것이었는데, 그나마 만화를 그릴 용도가 뚜렷이 없었다면 아마 20대 후반이 되어서도 컴퓨터를 사지 않았을지도 모른다.

이처럼 불과 20~30년 전만 하더라도 컴퓨터가 없다고 해서 그다지 큰 불편함이 없었다. 그 당시는 인터넷 보급이나 속도도 원활치가 않았기에 그림을 그리거나 문서를 작성하는 정도의 용도로 썼던 기억이 난다.

그러다가 30대 후반쯤 곧 마흔이 다 되어서야 이른바 스마트폰이라는 것이 필자의 손에 들어왔다. 손안에 들어온 개인 컴퓨터라고도 하는 이 스마트한 휴대폰은 단순히 전화 통화나 문자를 주고받는 기능을 넘어서서 인터넷을 통한 각종 정보 검색, TV 시청, 영화 감상, SNS를 통한 글로벌한 소통, 인터넷 쇼핑 등 디지털 세상을 살아가는 데, 또 디지털 세상을 만들어 가는 데 가장 접근성 있는 유용한 도구가 되었다.

스마트폰의 역사는 생각보다 길다. 최초의 스마트폰은 1992년에 IBM에서 출시한 사이먼(Simon)이다. 전화 기능 외에 주소록, 계산기, 메모장, 전자우편, 팩스 송수신, 세계 시각 열람, 전자 게임 등의 기능이 탑재된 모델이었다. 코트 주머니에 들어가는 컴퓨터가 등장한 셈이다. 인류는 정보 열람의 신세계가 열렸다고 환호했다.

필자가 첫아이를 임신한 2001년에 블랙베리라는 스마트폰이 처음 출시되었고, 2007년 여름에 아이폰이 최초로 출시되었다.

_1992년 IBM에서 개발
한 최초의 스마트폰, 사이먼
(Simon)

이듬해 출시된 아이폰 3G는 스마트폰 상용화의 기틀을 제공했다. IT 강국인 한국에서는 2009년에 삼성전자가 옴니아라는 스마트폰을 출시했다. 하지만 그때만 해도 필자를 위시한 대부분의 사람은 피처폰(feature phone)을 사용하고 있었다. 2011년이 되어서야 멀티태스킹에 능한 스마트폰이 속속 등장하여 상용화되기 시작했다. 그 이후에 태어난 세대가 스마트폰이 필수품이 된 디지털 네이티브 시대를 살아가고 있다.

디지털 네이티브의 특징

디지털 네이티브들은 TV나 라디오 세대와는 다른 몇 가지 특징을 보인다.

첫째, 디지털 네이티브들은 엄청난 양의 정보를 빠르게 받아들인다. 이들은 주변 사람들에게 묻거나 책을 뒤지지 않고도 다량의 지식을 쉽게 손안에 넣는다. 엄청난 경쟁력을 탑재한 세대인 것이다. 검색어 하나를 포털 사이트의 검색창에 올리는 순간, 소화하기 힘든 방대한 양의 관련 정보들이 쏟아져 나온다. 디지털을 통해 빠른 시간 안에 원하는 정보를 손쉽게 손에 넣을 수도 있지만, 과다한 정보의 쓰나미 속에서 갈피를 잡지 못하고 허우적거리는 자신과 맞닥뜨릴 수 있다. 수많은 정보 중 일부는 유용하고 올바른 정보이지만, 상당량은 거짓되고 반성경적인 정보들로 채워져 있기 때문이다.

탁월한 분별력과 절제력이 있어 필요한 정보를 잘 걸러 낼 줄 아는 크리스천 청소년이라면 정보 쓰나미가 아무리 몰려와도 아무 문제가 없을 것이다. 그러나 대부분의 크리스천 청소년은 아직 탐색과 훈련 속에 신앙의 자산을 축적하며 인생에 대한 통찰을 쌓아 가는 과정 중에 있다. 인생 전반에 대한 성찰이 아직 부족한 미성년자들을 유해한 정보가 홍수처럼 휩쓸어 탐색의 방향과 결론을 잘못된 쪽으로 돌리는 순간, 청소년들은 각종 중독, 사고, 범죄에 휘말릴 수 있다. 그리고 무엇보다도 신앙생활에 악영향을 받게 될 가능성이 높아진다.

둘째, 디지털 네이티브들은 자신을 사이버 세상에 많이 노출하는 경향이 있다. 이들은 SNS나 유튜브 등으로 자신의 사생활을 노출하고, 지식을 공유하며 생각을 나누는 일에 적극적이며 자신이 가진 정보나 경험이나 의견을 사이버 세상에 공개하는 일에 익숙하다. 게다가 잘만 하면 이를 통해 합법적으로 경제적인 이윤을 취할 수 있다.

그러나 사이버 세상에 자신을 노출하는 과정에서 실제보다 과장하거나 미화해서 표현하는 부작용이 생기기도 한다. 자신이 가 본 맛집이나 여행지를 일일이 노출하거나 위험한 쇼를 보여서라도 사이버 세상 속의 지지자들, 즉 '팔로워(follower)'들을 모으는 일에 몰두한다. 심지어 소중하기에 은밀해야 하는 성적인 부분까지도 함부로 공유하고, 자신의 성관계 영상을 웹상에 공유하기도 한다. 2014년 서울지방경찰청은 지난 1년간 SNS와 동영상 사이트에 아동·청소년 음란물을 게시·유포하거나 다운로드 받아 소지한 혐의로 43명의 미성년자를 적발했는데, 트위터 계정의 팔로잉 숫자나 페이스북 '댓글 수를 늘리기' 위해 음란물을 올린 경우가 많았다고 밝혔다.[*2]

셋째, 자신의 주양육자와 교사와 목회자가 주는 정보보다 인터넷 서핑을 통해 얻은 정보를 더 신뢰하는 경향을 보이기 쉽다. 이들은 아날로그 즉 오프라인 세상이라 불리는 현실 세상 속에서 얻은 정보들이 옳은 것인지 누구에게 묻기보다는 포털 사이트 검색창에서 최종 확인하곤 한다. 그러한 현상이 뚜렷이 나타나고 있다. 자신의 판단을 유보하고 각종 기사의 '댓글'들을 통해 자신이 취할 입장의 방향성을 얻어 내는 경향도 강해지고 있다. 기사나 칼럼 자체의 내용보다는 그것을 본 네티즌들의 의견이나 반응에 더 귀를 기울이다 보니 기사 자체보다는 기사에 달린 댓글을 보고 판단하는 경우가 많다.

너는 내 것이라

넷째, 온라인 세상에서 정보나 감정을 공유하는 일이 갈수록 늘어나는 반면에 오프라인의 삶에서는 이렇다 할 인간관계를 맺지 못하는 경우가 많다. 눈앞에 사람이 있는데도 그와 직접 대화하지 않고, 문자나 카톡을 주고받는 방식으로 대화하는 장면을 흔히 볼 수 있다. 눈과 눈을 마주하고 대면하여 대화하기보다는 텍스트를 통해 만나는 것에 익숙해진 것이다. 그렇다 보니 텍스트가 아닌 사람을 아날로그적으로 직접 만나고 대화하는 과정에서 알아채게 되는 상대방의 미묘한 표정의 변화나 말의 뉘앙스나 섬세하게 관찰할 때 알 수 있는 그 사람의 현재 상황을 모두 놓치고 만다. 텍스트로서의 인간을 만나는 게 더 속 편하다는 것이다. 디지털로 대체할 수 없는 아날로그적인 부분까지도 디지털로 대체하려는 경향을 보이는 것 역시 디지털 네이티브들의 특징이다.

_디지털 네이티브들은 사람과 만나 직접 대화하는 것보다 텍스트를 통해 관계를 맺고 대화하는 것에 더 익숙해져 가고 있다

다섯째, 사이버 공간에서의 성품과 실제 삶에서의 성품에 있어서 마치 '지킬 박사와 하이드'처럼 극명한 차이점을 보이기도 한다. 사이버 공간에서는 자신을 드러내지 않고 상대방을 직접 마주하지

않으면서도 관계를 맺을 수 있기 때문에 익명성과 비대면성을 무기로 삼아 상대방에게 서슴없이 언어폭력을 가하거나,[*3] 음란 사이트에 접속함으로써 성적 호기심과 욕구를 채우고 스트레스를 해소하는 일이 늘고 있다. 그러다가 자신도 모르게 왜곡된 성문화를 받아들이거나 퍼뜨리기가 쉽다. 종국에는 현실과 사이버 세상을 구별하지 못하고, 실제 삶에서 성폭력의 가해자로 전락하는 등 또 다른 위험에 노출될 가능성이 높다.

디지털 네이티브 청소년이 사이버상에서 일어나는 현상들에 대한 경험과 느낌을 현실에서도 비슷한 수준으로 실현하려고 하는 순간, 폭력적인 악성 댓글을 쓰거나 음란물 사이트에 접속하는 등의 일탈은 온라인상에서만 그치지 않고 오프라인 즉, 현실 속에서 반사회적 일탈로 이어질 수 있다. 즉 사이버 일탈이 실제 삶에서의 일탈로 가는 관문이 될 수 있다는 의미에서 사이버 일탈은 청소년 발달에 부정적인 영향을 미칠 가능성이 매우 높다.

내가 원하는 정보를 내가 원하는 시간에 얼마든지 접할 수 있는 세상이 도래하다 보니 정보를 구하고자 다양한 사람에게 물어보거나 도서관에서 이 책 저 책 뒤져 가며 물리적인 노동을 할 필요가 없어졌다는 면에서 디지털 네이티브는 상당히 능률적인 라이프스타일을 갖게 되었다. 라디오 채널에서 내가 듣고 싶은 노래가 나올 때까지 기다릴 필요가 없어졌다. 스마트폰이나 MP3에서 원하는 노래를 다운로드 받아서 원하는 만큼 질릴 때까지 얼마든지 반복해서 들을 수가 있다. 그러다 보니 유행가의 인기 기간도 점점 짧아지고 있다. 노래 한 곡이 몇 주 동안 가요 순위 1위에 오르곤 했던 일들은 1980~1990년대 이후 사라진 지 오래다. 하루에도 같은 가요를 질릴 만큼 들을 수가 있기 때문에 싫증을 느끼는 데까지 걸리는 시간이 많이 단축되었다.

비즈니스 전략가인 돈 탭스코트는 "디지털 네이티브는 자유, 맞춤화, 철저한 조사, 성실성, 엔터테인먼트와 재미, 협업, 빠른 속도, 혁신이라는 8가지 긍정적인 특징을 가진다"고 말한다.[*4] 그 장점을 극대화하되 교회와 가정이 단점을 극복하도록 이끌어야 할 것이다.

포털 숭배 강박증을 버려야 한다

세상을 살아가는 데 필요한 지식을 탑재하기 위해 유용한 각종 디지털 기기를 활용하는 것 자체를 비난할 필요는 없다. 다만 크리스천이 추구해야 할 최고의 가치, 즉 진리마저도 성경이 아닌 포털 사이트에서 찾으려고 하는 '포털 신(神) 섬기기'가 문제인 것이다.

성경은 주 예수를 앎으로 생명과 경건에 속한 모든 것을 우리가 이미 받은 바 되었다고 분명히 선포한다. 하나님은 성경을 통해 우리가 알아야 할 모든 진리를 이미 알려 주셨음을 아이들에게도 알려야 한다.

"그의 신기한 능력으로 생명과 경건에 속한 모든 것을 우리에게 주셨으니 이는 자기의 영광과 덕으로써 우리를 부르신 이를 앎으로 말미암음이라" 벧후 1:3

기본 공교육 커리큘럼에 진화론이 탑재된 이후의 세대들은 '성경이 누락한 진리'가 어딘가에 더 있을 것이라는 강력한 오해를 품게 되었다. 사탄이 하나님과 성도 사이를 가장 효과적으로 이간질하기 시작한 것이다.

국내 인터넷 이용자들이 가장 많이 이용하는 검색 채널은 네이버(92.4%)가 가장 높은 것으로 뽑혔고, 60%는 정보를 유튜브에서 검색하는 것으로 조사됐다. 특히 청소년 이용자 10명 중 7명 정도는 정보를 얻기 위해 유튜브를 검색하는 것으로 조사됐다. 젊은 세대일수록 기존 검색 엔진보다는 유튜브를 선호한다는 방증이다. 이로써 유튜브도 광의의 포털사이트 대열에 들어서며 디지털 정보 제공의 중요한 자리를 차지하게 되었다.[5]

우리는 포털이 제공하는 방대한 지식이나 아이디어나 규칙들이 차세대 사역에 유익한 도움이 되기를 기도해야 하며 참 진리와 자유는 포털 사이트 검색창이나 댓글을 통해 얻는 것이 아니라 오로지 예수 그리스도를 통해서 얻을 수 있음을 성령 안에서 아이들에게 가르쳐야 한다. 그래야만 디지털 네이티브의 장점은 강화하고, 단점을 최소화할 수 있다. 삶의 통찰을 얻고 중요한 것들을 결정하고 실행할 때, 한 걸음 한 걸음 주와 동행하며 주

너는 내 것이라

께 여쭙는 게 아니라 포털 신과 동행하며 포털 신에게 여쭈어야 한다는 강박이 디지털 네이티브들을 덮치지 못하도록 막아야만 한다.

성경적 성교육은 성경만 읽고 그 외 모든 세상의 지식에 대해서는 등을 돌리자는 것이 아니다. 우리에게 세상 가운데 주신 모든 지혜와 지식을 총 동원하여 복음을 전하는 일에 쓸 줄 알아야 한다.

디지털 미디어를 통해 찾아오는 음란 문화

은밀하게 더럽히기

사탄은 어둡고, 무질서하고, 어수선하며 너저분한 것을 좋아한다. 음란한 미디어와 문화는 사탄이 인간의 성품을 망칠 때 즐겨 쓰는 도구다. 사탄은 모든 매체를 동원하여 우리와 차세대를 어둡고 어지러운 세계로 유혹한다. 그 유혹은 겉보기에 노골적일 때도 있지만, 대부분 은근하면서도 은밀하게 이루어진다.

특히 대중가요에서 그러한 일이 잘 일어난다. 대중가요는 인간이 전 생애 주기에 걸쳐 미디어를 이용하는 상황 하에서 쉽게 귀로 접하고 입에 올리게 되는 매체 중 하나이므로 그 영향력이 크다.

가수 박○○은 당시 만 18세였던 2000년에 〈성인식〉이란 노래를 발표하여 큰 인기를 얻었다.

그대여 뭘 망설이나요 그대 원하고 있죠
눈앞에 있는 날 알아요 그대 뭘 원하는지
뭘 기다리는지 그대여 이리 와요
나도 언제까지 그대가 생각하는 소녀가 아니에요
이제 나 여자로 태어났죠

기다려준 그대가 고마울 뿐이죠

나 이제 그대 입맞춤에 여자가 돼요

난 이제 더 이상 소녀가 아니에요

그대 더 이상 망설이지 말아요

그대 기다렸던 만큼 나도 오늘을 기다렸어요

장미 스무송일 내게 줘요 그대 사랑을 느낄 수 있게

그댈 기다리며 나 이제 눈을 감아요

그대여 나 허락할래요

　

이 노래는 자신은 더 이상 소녀(미성년자)가 아니니 성적인 충동을 절제할 필요가 없음을 암시하는 선정적인 가사 때문에 도마 위에 올랐던 곡이다. 훗날, 가수 박○○은 한 방송 프로그램에 출연하여 당시에는 이 가사가 선정적인 줄 몰랐는데, 어른이 되어 의미를 알고 나서 뒤늦게 놀랐다고 털어놓기도 했다.[*6]

_가수 박○○이 MBC TV의 <라디오 스타>에 출연하여 히트곡 <성인식> 가사 내용의 선정성에 놀랐다고 말했다 (2013. 10. 23)

2003년에는 인기 절정의 가수 이○○가 〈텐미닛(10Minutes)〉이
라는 노래를 선보였다. 처음 만난 남성과 가지는 10분간의 성적
인 만남을 은유적으로 표현한 것이었다. 가사에 따르면, 10분은
그 남성의 여자 친구가 화장을 고치고 있을 시간이었다.

> Just One 10Minutes
> 내 것이 되는 시간
> 순진한 내숭에 속아 우는 남자들
> Baby 다른 매력에 흔들리고 있잖아
> 용기내 봐 다가와 날 가질 수도 있잖아
> 내게 와 봐 이제 넌 날 안아 봐도 괜찮아

2012년에는 가수 싸○가 〈강남스타일〉을 불러 국내뿐 아니라
전 세계적으로도 큰 인기를 얻었다.

> 나는 사나이
> 점잖아 보이지만 놀 땐 노는 사나이
> 때가 되면 완전 미쳐 버리는 사나이
>
> 지금부터 갈 데까지 가 볼까
> 오빠 강남스타일

너는 내 것이라

유치원생부터 청장년층까지 온 국민이 말 타는 시늉을 하며 이 노래를 불렀다. 당시 청와대 공식 행사에서도 이 노래가 울려 퍼졌고, 성적인 은유가 담겼다고 평가받는 특유의 말춤이 전국을 휩쓸었다. 각종 가요 차트에서 1위를 차지했고, 이 노래를 패러디한 영상물들이 온라인상에 넘쳐 났다. 유치원생들이 재롱잔치에서 "갈 데까지 가 보자"는 가사에 맞춰 율동했지만, 어느 부모도 이를 말리거나 항의하지 않았다. 음란의 영이 아이들의 무의식 속으로 흘러 들어가 영향을 주는 것을 양육자들조차 분별하지 못하는 상태가 된 것이다. 당시 영적으로 각성한 일부 학부모들이 유치원에 항의 전화를 했지만, 유치원에서는 크게 신경 쓰지 않았다면서 분통을 터뜨렸다.

강남의 한 교회 중등부에서 요청을 받고 성교육 강의를 하러 간 적이 있다. 그때 한 남학생에게 "〈강남스타일〉의 '갈 데까지 가 보자'라는 가사가 무슨 뜻인 줄 아니?" 하고 물었다. 그러자 남학생이 씨익 웃으며 이렇게 답했다.

"그거 시옷시옷 하자는 거잖아요."

아이들이 "맞다"며 웃었다. 시옷시옷(ㅅㅅ)은 '섹스'를 가리키는 은어다. 이처럼 〈강남스타일〉은 원 나잇 스탠드 문화를 추구하는 오빠의 스타일을 시대 문화적 헤게모니의 상징으로 바꾸어 놓았다. 익명의 이성을 만나 간음하는 것이야말로 명실상부한 강남스타일이라는 노래를 온 국민이 듣고 따라 부른 셈이다.

같은 해에 음란○○이라는 이름의 남자 가수가 〈오빠는 이러려고 너 만나는 거야〉라는 노래를 불렀다.

> 안으려 하면 자꾸 몸을 빼고
> 게슴츠레 본다 나를 욕하고
> 뭐라 하고 아니라고 난 말하고
> 넌 혼내고 혼내다 겨우 화가 식고
> 내가 뭐 어 설마 굶주려 가지고 이러는 줄 알아
> 다 네가 좋아서 그래
> 오빠는 이러려고 너 사랑한 거야
> 제발 이상하게 보지 마

이처럼 외설적인 가사가 담긴 노래나 선정적인 내용의 뮤직비디오가 한두 곡이 아니다. 문제는 십 대들이 이런 노래를 무차별적으로 듣고 따라 부르며 심지어 이어폰으로 귀에 꽂고 듣다가 잠이 들기도 한다는 것이다. 이런 가요를 들으며 성적 충동과 호기심을 지속적으로 부추김당한 십 대 학생들은 음란물의 유혹에도 쉽게 빠진다.

세속적인 노래, 즉 가요는 갈수록 "인내와 절제는 필요 없다. 그저 네가 끌리는 데로 원하는 대로 다 하는 게 사랑이야"라는 메시지를 담고 있다. 대중가요에서 성윤리와 성도덕은 실종된 지 오래다. 진리와 불의의 분별도 사라졌다. 음란과 사랑을 동일시하는 내용을 담은 가요들이 범람할수록 사탄이 득세한다.

너는 내 것이라

결국, 대중은 하나님이 허락하신 성, 즉 부부간에 주어진 복된 성에 관해서는 둔감해지고, 간음의 욕구에 적극적으로 반응하도록 가치관과 성품이 변한다. 왜곡된 성문화가 건강한 남녀를 자극하며 사랑은 믿음의 과정이 아닌 쾌락의 순간일 뿐이라고 믿게 만든다. 성적인 유혹에 넘어가 '간음죄를 짓는 상태'를 성경이 말하는 '사랑'과 동일시하는 수많은 가요들이 화려한 멜로디와 감성 넘치는 가사, 매력적인 아이돌들을 등에 업고 아이들의 심령 속으로 진격하고 있다.

가려져서 잘 드러나지 않는 음란 문화, 팬픽

가요 문화의 부산물인 팬픽(fanfic)은 가요보다 훨씬 많은 문제를 양산하고 있다. 팬픽은 팬 픽션(fan fiction)의 준말이다. 아이돌에 열광하는 청소년들 사이에 비중 있는 놀이로 자리 잡았다. 이 놀이는 팬들이 기존의 만화, 소설, 영화, TV 드라마 등의 캐릭터, 세계관, 설정 등을 차용하여 자신이 원하는 대로 이야기를 만들어 내는 일종의 2차 창작 행위다. 인터넷 소설이 발전하면서 팬픽 역시 크게 발전했다.

문제는 대부분의 팬픽이 주로 혼외정사나 동성애를 그림으로써 성적 환상을 왜곡된 방향으로 자극한다는 것이다. 남자 아이돌 그룹을 팬픽의 주인공으로 삼고는 그룹 멤버들끼리 동성애를 한다는 설정이 주를 이룬다. 물론, 실제와는 상관없는 설정이다. 주로 여학생들이 팬픽 소설을 쓰고, 소비 또한 주로 여학생들이 한다. 학생들이 쓰는 것이니만큼 음란물처럼 노골적인 수준은 아니지만, 혼전 성관계나 동성 간 성행위를 상당히 미화하고 있는 것이 사실이다.

2016년, 여성가족부에서 전국 17개 시·도 초등학교 4학년부터 고등학교 3학년에 재학 중인 청소년 1만 5,646명을 대상으로 '2016 청소년 매체 이용 및 유해 환경 실태 조사'를 실시했는데, 최근 1년 동안 '청소년 관람 불가', '19세 이상 시청 가'로 표시된 성인용 영상물을 본 적이 있다는 응답은 41.5%였는데 성별에 따른 차이가 두드러져, 남자 51.7%, 여자 30.5%로 남자가 21.2% 높게 나타났다.[7] 이것만 봐서는 남학생이 음란물을 압도적으로 많이 보는 것처럼 느껴지지만 여기서 누락된 것이 바로 팬픽이다. 팬픽의 상당수가 음란물로 분류되어야 마땅하지만, 팬픽은 이른바 19금 딱지가 안 붙어 있는데다가, 동영상도 아니기 때문에 여학생이 남학생보다 음란물을 훨씬 적게 보는 것처럼 착시 현상을 일으키고 있는 것이 현실이다.

하지만 퀴어 축제에 가 보면, 남학생보다 여학생들이 동성애를 더 극렬히 옹호하는 모습을 보게 된다. 대구 동성로에서 동성애의 심각성을 경고하는 전단지를 배포하던 어느 집사님이 한 말이 인상적이었다. 그는 세 아이를 둔 아빠였다.

"눈앞에서 전단지를 갈기갈기 찢어 버리며 격하게 동성애를

너는 내 것이라

옹호하는 것은 대부분 남학생이 아닌 여학생이에요. 팬픽 문화를 통해 동성애를 자주 접하여 은연중에 받아들임으로써 동성애를 지지하는 아이들로 변해 가는 것 같습니다. 이들은 동성애를 반대하는 사람들을 혐오주의자로 몰아붙이고 있어요."

모로가도 깔대기 검색: 왜 검색의 종착역은 음란물인가

부모는 어린이와 청소년들이 음란 영상에 노출된 현실에 대한 위험성을 알고, 아이와 함께 이에 관해 소통하고 음란물의 폐단을 정확하게 가르치는 시간을 가져야 한다.

지방의 한 교회에서 열린 '학부모와 교사를 위한 세미나'에 참석했다가 한 젊은 여 집사님의 푸념을 들을 기회가 있었다. 초등학교에서 내준 숙제를 하다가 음란물을 시청하게 된 아들 이야기를 하며 엄마로서 너무 화가 나고 안타깝다며 속내를 털어놓은 것이다. 필자는 그분의 사례를 '옹달샘 음란물 사건'이라 부르며 강연에서 종종 언급하곤 한다.

옹달샘 음란물 사건의 개요인즉슨 이렇다.

옹달샘 음란물 사건

학교에서 '옹달샘'이 무엇인지 인터넷에서 검색하여 찾아보고, 사진 등 첨부 자료를 함께 내는 숙제를 아이들에게 내주었다. 그래서 아이가 검색창에 '옹달샘'을 치고 들어가서 숙제를 하기 시작했다. 엄마는 어려운 숙제가 아니니 아이가 알아서 잘하겠거니 하며 집안일을 했다. 그런데 아이의 눈빛이 이상하고, 주눅이 든 것처럼 행동하기에 이상하다 싶어서 접속 기록을 살펴보니 음란물 사이트에 접속했던 것이다.

다행히 매일 밤 잠자기 전에 아이와 함께 기도하는 습관이 있었기에 아이가 어쩌다가 음란물들을 보게 되었는지 들을 수 있었다.

검색창에 '옹달샘'을 치니 '작고 오목한 샘'이라는 뜻을 알려 주는 국어사전 대신에 당시 코미디 경연 프로그램에서 큰 인기를 끌었던 '옹달샘'이라는 개그팀을 소개하는 '나무위키'가 가장 먼저 나왔다고 한다. 관련 동영상을 클릭해 보니 관련 기사로 '유○○ 성폭행'이 뜨더라는 것이다. 유○○은 옹달샘 팀에 속한 개그맨인데, 관련 검색어로 '성폭행'이 뜨니 그걸 클릭해서 보게 되었고, 그럼 성폭행은 무엇인가 하여 검색하다 보니 성폭행 관련 기사와 함께 음란물들까지 보게 된 것이다. 옹달샘의 뜻을 찾아보기 위해 시작한 인터넷 검색의 종착역은 음란물이었다.

집사님은 초등학교 저학년인 첫아이를 키우는 과정에서 별의

별 일을 다 겪었지만, 어떻게 학교가 어린아이들이 음란물을 접할지도 모르는데 온라인에서 검색하는 숙제를 내주어 아이가 무방비한 상태로 아무 사이트나 들어가도록 했는지 모르겠다면서 디지털 기기를 이용하는 숙제는 내지 않았으면 좋겠다고 한탄했다. 결국, 성인이 될 때까지 디지털 기기의 사용을 금하다시피 하는 기독교 대안학교로 아이를 전학시켰다.

왜 성과 관련된 단어를 굳이 검색하지 않아도 검색하다 보면 깔때기처럼 최종적으로 음란물이 나오게 되는 것일까? 왜 그런 일이 번번이 벌어지는 것일까? 영국의 시장분석업체 데이터모니터(Datamonitor)가 개인의 손바닥마다 스마트폰이라는 컴퓨터를 서서히 사용하던 1993년 무렵부터 조사한 뒤 밝힌 인터넷 시장 현황을 보면, 미국과 유럽에서 성인 사이트가 벌어들인 돈은 9억 7천만 달러로 각종 정보를 파는 인터넷 콘텐츠 시장 매출 총액(14억 달러)의 69%를 차지했다. 놀랍게도 이 자료는 1999년, 즉 스마트폰의 상용화가 아직 이루어지기 전의 통계라는 것이다. 거의 20년이 지난 다소 시의성이 떨어지는 자료이지만, 우려하던 바가 많이 드러나고 있는 현재 상황에서 전문가들이 자주 인용하는 자료가 되었다.[8]

아날로그 세상에 머물러 있던 음란물이 디지털 세상으로 빠르게 이동 중이다. 2012년 포르노 업계 매출 140억 달러 중 50억 달러가 인터넷 포르노였다.[*9] 즉 이른바 도색 잡지나 화보로 유포되던 음란물이 이제는 디지털 바다로 그 서식지를 옮기고 있는 것이다.

굳이 도색잡지를 구하러 어렵게 발품을 팔 필요가 없도록 스마트폰을 가지고 있는 모든 청소년들의 손안으로 '찾아가는 서비스'를 시작한 셈이다.

음란물이 쓰나미처럼 몰려오는 이런 구조 속에서 우리의 아이들이 광고든 관련 검색어든 어떤 형태로든 인터넷 서핑을 하다 보면 음란물에 노출되기 쉽다. 부모들은 인터넷 서핑의 결과가 깔때기처럼 나중에는 한곳에 도달하기 쉽다는 사실을 인지해야 한다. 그래서 어린 자녀가 홀로 인터넷을 사용하는 것을 금하고 이용을 할 때는 양육자가 함께 하는 게 중요하다. 학교도 될 수 있는 대로 인터넷 검색을 통한 과제물 부과를 늦추거나 피해야 한다.

음란물을 끊겠다고 마음먹은 차세대를 위하여

(스탠딩 카운슬링 사례)

음란물에 너무 익숙해져서 끊을 힘이 없다고 말하는 십 대 크리스천 청소년을 만날 때, 그럼에도 불구하고 끊고 싶으니 도와달라고 말하는 또 다른 십 대를 만날 때, 희비가 교차한다. 몇 년

너는 내 것이라

전 청소년 수련회에서 성경적 성교육을 주제로 음란물 강의를 했다. 강의 직후 한 학생이 상담을 요청해 왔다. 수련관 복도에서 "음란물을 끊고 싶은데, 저에겐 그럴 힘이 없어요. 전 어떻게 하면 좋을까요?" 하고 필자에게 다급히 물은 학생은 중3이나 고1 정도로 보이는 남학생이었다.

"끊을 힘이 없다는 게 구체적으로 어떤 상태를 말하는 건지 궁금하네."

"네, 이제 음란물 시청이 죄인 걸 알았으니 차라리 속이 후련해요. 아까 강의를 듣고, 회개했어요. 이래야 하나 저래야 하나 헷갈릴 때는 정말로 짜증만 났는데, 확실히 알고 나니 한결 나아졌어요. 끊어야겠다고 마음먹으니 좋긴 한데, 그동안 너무나 익숙하게 아무 죄책감 없이 봐 와서…. 제가 과연 나쁜 습관을 고칠 수 있을지 잘 모르겠어요. 저는 음란물을 보거나 게임하는 거, 인터넷 서핑하는 것 외엔 딱히 여가 활동도 없고, 대체할 만한 다른 것을 찾아볼 여유도 없거든요. 고등학생이라서 그럴 시간이 없어요."

"그렇겠네. 대한민국 고등학생은 특히 바쁘지…. 그런데 음란물을 보는 것에 너무 익숙하다고 했는데, 어느 정도인지 말해 줄 수 있니?"

"한마디로, 야동에 완전히 쩔었어요."

이 대답에 나는 정신이 번쩍 들었다. 그 학생이 "쩔었다"는 표현을 썼을 때, '아, 이거구나' 싶었다. 내게 마음을 열고, 너무나 솔직하게 대답하는 모습에서 현대를 살아가는 십 대들에 대한 통찰이 확 열리는 느낌까지 들었다.

"아하, 쩔었다는 말은 그 기준이 대충 어느 정도일까?"

"매일 보면, 그게 쩔은 거예요. 친구들도 엄청 쩔었구요. 예배 마치고 집에 가서 막바로 본 적도 많고요."

자기 속내를 거침없이 쏟아 내는 학생에게 고맙다는 마음이 들었다. 영적 전쟁 한복판에 서 있는 십 대를 어떻게 도와줘야 할지 고민하면서 그에게 말했다.

"정말 힘들었겠다. 예수님을 믿는 사람은 죄를 미워하게 되어 있거든. 그런데 죄를 매일 반복적으로 짓게 되니 정말로 영적으로 힘들었겠다."

"네. 죄인 줄 확실히 몰랐을 때도 마음 한편이 찔리기도 했고, 좀 부끄러웠어요. 그런데 오늘 확실히 알게 되었으니 결론이 난 거죠. 그런데 저는 스스로 끊을 힘이 없어요. 너무 쩔어 있어서 일어설 힘이 없는 것 같아요. 어떻게 해야 할까요?"

키는 나보다 큰데, 사슴같이 어린 눈망울을 한 그 학생의 간절함을 하나님이 받으셨을 것이라는 확신이 들었다. 그를 도와주고 싶었다.

"친구야, 이런 중요한 이야기를 선생님한테 해 줘서 너무 고맙다. 방금 선생님한테 한 이야기는 정말로 중요한 이야기거든."

"어떻게 하면 좋을까요? 죄라는 것은 알겠는데, 끊을 힘은 없고 그렇다고 이전으로 돌아가서 다시 음란물을 보며 살면 안 될 것 같은데…."

"친구야, 방금 나한테 한 말을 하나님께 그대로 아뢰면 어떨까? 그게 가장 좋을 것 같아."

"음란물에 쩔어서 끊기가 힘들다는 말을 하나님께 하라고요? 하나님께 말한다는 건 기도하는 거잖아요. 거룩한 기도 시간에 음란물 얘기를 해도 되나요? 쩔었다고 말해도 될까요?"

"그럼, 물론 다 해도 되지, 하나님은 우리 아버지셔. 이 땅에 사람 몸으로 오셔서 네 죄를 다 뒤집어쓰시고 네 대신 죽으심으로써 너를 구원해 주신 분이야. 독생자를 보내어 양자인 우리를 구하신 사랑의 하나님이시잖니. 음란물을 본 것을 회개하고 끊어야 한다는 것을 알게 되었지만, 끊을 힘이 없다고 느낄 정도로 습관이 되어 버렸다는 말을 그대로 다 하나님께 아뢰고 도움을 구하면 돼."

아이의 얼굴이 환해지는 것이 보였다.

"아, 그렇다면 기도는 할 수 있을 것 같아요. 시작할 수 있을 것 같아요."

나는 그 학생에게 내가 하나님께 아뢰는 것만이 기도가 아니라 하나님의 음성을 듣는 것도 기도라는 사실을 덧붙여 알려 주고, 상담을 마무리했다.

초등학생이 위험하다

여성가족부의 '2016 청소년 매체 이용 및 유해환경 실태조사'
에서 성인 영상물 이용률을 보면, 중·고등학생은 2년 전과 비교
했을 때 큰 변화를 보이지 않았으나, 초등학생은 18.6%나 증가했
다. 초등학생 조사 대상을 5~6학년으로 한정할 경우에는 그 이
용률이 2014년 7.5%에서 2016년 16.1%로 2년 새 2배 넘게 증가
한 것이다.[10]

2014년, 서울지방경찰청의 발표로 드러난 초등학생의 음란물
관련 실태는 더욱 심각하다. 지난 1년간 경찰이 인터넷 SNS에 자
기 신체 영상이나 음란 동영상을 올리거나 상습적으로 내려받은
사람들을 117명을 적발했고, 성인 74명을 불구속 입건했다. 당시
초등학생의 비율이 28%나 됐고 중·고등학생은 23%로, 적발된
사람 가운데 미성년자가 절반이 넘었다. 특히 유튜브를 통한 유
포 및 소지는 초등학생과 중학생이 압도적으로 많았다. 그중 가
장 어린 청소년은 초등학교 2학년이었다.[11]

한편 경찰청 사이버안전국은 2017년 9월부터 다크웹(dark web)
에 개설된 아동 음란물 사이트에 관해 국제 공조 수사를 벌여 한
국·미국·영국 등 총 32개국에서 310명을 검거했다고 밝혔다. 붙
잡힌 이용자의 72%에 해당하는 223명이 한국인이었다.[12]

치안정책연구소의 윤상연 연구관은 "우리나라는 아동 음란물
을 소지하거나 유포하는 것이 중대 범죄라는 인식이 미국에 비해

낮다"고 말한다. 미국에서는 아동 음란물을 갖고 있다가 적발되면 최고 무기징역까지 선고될 수 있다.[13]

2012년 6월, 유해 정보 차단 서비스 전문 업체인 '플랜티넷(대표 김태주)'은 자사 유해 사이트 데이터베이스를 분석한 결과, 세계 유해 사이트는 총 563만 개라고 밝혔다. 지난 2007년(240만) 대비 321만 개가 증가하면서 133% 증가한 수치다. 2012년 한 해만 봐도 단 6개월 만에 약 30만 개의 유해 사이트가 증가했다. 당시 이미 유해 사이트는 하루 1,600개씩 증가했으며, 세계 563만 개 유해 사이트 중 98.5%가 음란 사이트였다.[14] 그 외 1.3%가 도박 사이트이고, 폭력과 엽기 사이트가 0.03%로 나타났다.

이렇듯 음란물이 온라인을 통해 쓰나미처럼 몰려오고 있다. 광고나 관련 검색어 등을 통해서 음란물에 쉽게 노출된다.

"미디어와 차세대"
Activity

    자녀들이 모르는 것이 생겼을 때, 부모에게 묻기보다는 스마트폰이나 컴퓨터 등 디지털 기기를 통한 검색으로 스스로 문제를 해결하는 일이 빈번할 것이다. 그러면 부모와 자녀 간에 소통의 기회가 더욱 줄어들 뿐 아니라 자녀들이 미디어 검색 도중 음란물을 접하게 될 가능성도 높아진다. 그래서 우리 부모 세대들이 사용했던 아날로그 방식으로 자녀들과 검색해 보는 놀이를 해 볼 것을 제안한다.

아날로그 방식으로 자료 찾기

어떤 방법으로 자료를 찾을지 결정하기 _____

- 자녀들(가급적 초등학생)에게 세계적인 문학가 '톨스토이'가 누구인지 물어본다.
- 자녀들이 '톨스토이'에 관해 검색할 때 인터넷 포털 사이트를 통해서 찾을지, 아니면 부모 세대가 사용했던 사전(백과사전) 등의 자료에서 찾을지 결정한다.
- 그리고 이번에는 부모와 함께 인터넷의 도움을 받지 않고 사전을 이용해서 찾는 방법으로 결정한다.
- 집안에 사전(백과사전 포함)이 얼마나 있는지 종류를 세어 보고, 그 사전들을 통해 '톨스토이'를 찾아본다. '톨스토이'를 찾아보면 자연스럽게

그가 쓴 저서들도 연계하여 읽어 볼 수 있으므로 일석이조의 효과가
있다.

■ 그 외에도 사전에서 '책상', '성경', '옹달샘' 등 쉬운 단어 몇 가지를
더 찾아보고 함께 크게 읽어 본다.

■ 만약 집에 마땅한 사전이 없다면 주말이나 휴일에 함께 도서관에 가
서 다양한 사전을 보여 주고 단어나 주제를 정하여 찾아보는 놀이를
해 본다.

사전으로 찾을 때와 인터넷으로 찾을 때를 비교해 보기 _____

■ 자녀들에게는 낯선 아날로그 방식으로 자료를 찾은 후 다음과 같은
내용으로 이야기를 나누어 보라.

　- 사전으로 단어 찾기의 장점과 단점은 무엇인가?

　- 인터넷으로 단어 찾기의 장점과 단점은 무엇인가?

You are mine

3장

음란물과 전쟁하라

내가 보고 듣고 즐긴 것이
곧 내가 된다.
음란물이 내면을 지배하면
그것이 외부로 드러나는 것은 시간문제다

음란물이 끼치는 해악들

음란물을 접한 청소년 100명 중 14명은 "따라 하고 싶다"

2015년 3월, 교육부는 처음으로 〈국가 수준 학교 성교육 표준안〉을 만들어 학교에 배포했다. 학교에서 성교육을 제대로 해야 한다는 사회적 요구에 따른 것이다. 이 표준안에 따르면, 현장에서 교사는 '야한 동영상'의 준말 '야동' 대신에 '음란물'이라는 정확한 용어를 써야 한다. 야동이라고 하는 가벼운 표현이 음란물의 파괴적인 영향을 희화화하므로, 일그러진 성의식을 직시하고, 그로 인해 발생하는 문제들에 직면하기 위해서는 정확한 용어를 사용해야 한다는 것이다.

대법원도 판결문에 "'음란'이란 사회 통념상 일반 보통인의 성욕을 자극하여 성적 흥분을 유발하고 정상적인 성적 수치심을 해하여 성적 도의관념에 반하는 것을 뜻한다"고 했다.[1]

음란물이란 성기나 성행위를 노골적인 방법으로 적나라하게 표현 또는 묘사한 것을 말한다. 전체적으로 관찰·평가해 볼 때, 음란물은 단순히 저속하다거나 문란한 느낌을 준다는 정도를 넘어서서 존중·보호되어야 할 인격을 갖춘 존재인 사람의 존엄성과 가치를 심각하게 훼손·왜곡하였다고 평가할 수 있다. 또한 사회 통념에 비추어 전적으로 또는 지배적으로 성적 흥미에만 호소

하고, 하등의 문학적·예술적·사상적·과학적·의학적·교육적 가치를 지니지 않는다.[*2]

2012년 5월, 행정안전부가 초등학교 5학년부터 고등학교 2학년까지 전국 청소년 1만 2,251명을 대상으로 실시한 '청소년 성인물 이용 실태 조사'의 결과를 발표했다. 이에 따르면, 우리나라 청소년의 39.5%가 음란물을 본 적이 있는데, 그중 14.2%는 음란물을 본 뒤에 실제로 따라 해 보고 싶은 충동을 느꼈다고 한다.[*3]

음란물을 처음 본 청소년들은 '충격을 받았다'(32.2%)거나 '불쾌감·혐오감을 느꼈다'(31.7%), '성적 수치심을 느꼈다'(24.1%) 등 부정적인 반응이 많았으나 '성적 흥분을 느꼈다'(27.4%)거나 '따라 하고 싶었다'(14.2%)는 응답도 상당수를 차지했다.

다음 이미지는 초등학교 6학년 여학생이 남자친구로부터 성폭행을 당한 후에 온라인 게시판에 올린 상담 글이다. 인터넷에서 이런 종류의 글을 찾는 것은 어려운 일이 아니다.[*4]

_초등학교 6학년 여학생이 남자친구로부터 성폭행을 당한 후에 온라인 게시판에 올린 상담 글

너는 내 것이라

더욱 걱정스러운 것은 음란물을 본 뒤에 '변태적인 장면도 자연스럽게 여기게 됐다'(16.5%)거나 '이성 친구를 성적 대상으로 인식'(7.9%)하고, 일부는 '성추행이나 성폭행 충동을 느꼈다'(5%)고 답했다는 사실이다.

실제로 음란물을 본 일부 학생들은 음란 채팅(4.9%)이나 음란 문자와 사진 및 동영상을 전송(4.7%)해 봤거나, 몰카 촬영(1.9%)을 해 봤다고 한다. 음란물을 본 청소년의 약 2%가 음란물을 직접 제작한 셈이다. 음란물이 재생산되고 있는 것이다.

음란물에 노출된 청소년들 가운데 일부는 내성이 생기거나 금단 현상을 보이기도 했고, 응답자의 14%는 '더 자극적인 것에 집착하게 됐다'고 답했으며 16.1%는 '자주 안 보면 허전하다'고 대답했다. 또 42.3%는 '성인물에서 본 장면이 가끔 생각난다'고 답했으며 피곤하다(19.3%)거나 집중력이 감소(11.2%)하는 등 일상생활에 영향을 받은 것으로 나타났다.

일부 청소년들은 음란물을 즐기는 것에 그치지 않고, 직접 음란물 사이트를 개설하기도 했다. 2016년 8월, 충남지방 경찰청 사이버수사대는 SNS를 이용해 아동·청소년 이용 음란물을 전시·배포한 혐의로 10대 청소년 20명을 불구속 입건했다. 이들은 중·고등학교에 재학 중인 15~19세 청소년들로 같은 해 2월부터 스마트폰 무료 채팅 어플을 통해 음란물 공유방을 운영하면서 자신들이 소유한 음란물을 공유했다. 심지어 이들은 직접 음란물 사이트를 개설하기까지 했다.[5] 이는 선한 용도로 쓰일 수 있는 디지털 실력을 음란물 게시를 통한 음란 죄에 사용한 안타까운 사례다.

성범죄로 직결될 수 있는 음란물 중독

음란물을 많이 보는 청소년일수록 성범죄를 저지를 가능성이 크다는 연구 결과도 있다. 2011년 11월, 한국콘텐츠학회 논문지에 실린 '고등학생들의 사이버 음란물 접촉과 성범죄와의 관계성 분석'에 따르면, 음란물 접촉 빈도수가 높을수록 강제적인 성접촉 등 성범죄를 일으키는 비율도 높은 것으로 나타났다. 충북의 7개 고등학교 학생 1,537명을 대상으로 설문 조사를 한 결과, 음란물을 매일 3시간 이상 보는 학생의 거의 절반에 해당하는 47.6%는 성추행을, 35.7%는 강간이나 준강간에 해당하는 행위를 저질렀다고 답했다. 즉 음란물이 성범죄자를 양산하는 것이다. 음란물을 매일 '30분 이내로 보거나 전혀 보지 않는다'고 답한 학생의 성범죄 비율은 2.9%에 그쳤다.[6]

음란물과 인간의 폭력성 증가

음란물이 성범죄와만 관련되는 것도 아니다. 음란물 시청은 인간을 폭력적으로 만든다. 음란한 영상을 보면 공격성이 높아진 다는 실험 결과가 국내에서도 나왔다.

2009년 봄, EBS '다큐프라임-아이의 사생활' 제작진은 전남대 심리학과 연구팀과 '포르노-공격성 연관성 실험'을 진행했다. 그 결과, 포르노가 자연 다큐와 같은 일반적인 영상에 비해 공격 성 향을 뚜렷하게 높이는 것으로 나타났다. 실험 과정은 이렇다. 남 자 대학생 120명을 세 그룹으로 나눠 각각 자연 다큐멘터리, 일 반 포르노, 폭력적인 포르노를 15분 동안 보게 한 뒤, 다트 던지 기 실험을 통해 시청한 영상과 공격성 간의 연관성을 조사했다. 사람의 얼굴 이미지와 사물 이미지를 표적으로 다트를 던지게 하 는 다트 던지기 실험은 공격성을 측정하는 전통적인 방법 중의 하나다. 공격성 판단은 다트 던지기에서 사람과 사물 표적 가운 데 사람 표적에 다트를 던지는 빈도를 따져 분석했는데 실험 결 과, 자연 다큐멘터리를 본 그룹은 사람의 얼굴에 다트를 평균 0.3 회 던진 반면에, 일반 포르노를 본 그룹은 1.4회, 폭력적 포르노 를 본 그룹은 2.4회 던진 것으로 나타났다.[7]

자연 다큐를 본 사람에 비해 폭력적인 포르노를 본 그룹이 8배 나 높은 공격성을 보인 것이다. 특히 표적 중에서 여성의 얼굴 이 미지 표적에 대한 공격성이 더 높게 나타나 음란 영상물이 성폭력으로 이어지는 이유를 설명해 주는 중요한 실마리를 제시해 주었다. 일반적인 포르노 역시 자연 다큐멘터리보다 공격성을 4배 이상이나 높였다는 사실을 간과해서는 안 된다.

_EBS '다큐프라임-아이의 사생활' 제작진과 전남대 심리학과 연구팀이 '포르노-공격성 연관성 실험'을 진행한 결과, 포르노가 자연 다큐와 같은 일반적인 영상에 비해 공격 성향을 뚜렷하게 높이는 것으로 나타났다

성적 욕구와 폭력적 욕구는 뇌의 같은 부위에서 통제된다는 연구 결과가 있다. 미국 뉴욕대학교의 신경과학자 데이유 린(Dayu Lin) 박사와 칼텍(Caltech)의 데이비드 앤더슨(David J. Anderson) 박사는 쥐 실험을 통해 성욕과 폭력성이 뇌의 같은 부위에서 제어되며 두 가지 특성이 특정 원인에 의해 동시에 활성화될 때 성폭력이 일어나는 것으로 유추했다. 브라질 상파울루대학교의 신경과학자 뉴튼 칸테라스(Newton Canteras) 박사는 "사람에게도 같은 회로가 있을 수 있다"면서 "복내측 시상하부 깊은 곳에 전기 자극을 주면 발작 등 방어적 행동을 보이는데, 이 부위가 폭력성과 관련 있다"고 말한다.[8]

132

너는 내 것이라

어린이와 청소년들이 음란 영상에 노출된 현실에 대한 위험성을 알고, 아이와 부모가 이에 대해 소통하고 음란물의 폐단을 정확하게 공유하는 시간을 가져야 한다. 하버드 의대 소아과 마크 슈스터(Mark Schuster) 교수는 EBS '다큐프라임-아이의 사생활'을 통해 "나는 부모들이 미디어와 인터넷을 무시해서는 안 된다고 생각합니다. '내 아이들은 포르노를 볼 리가 없지'라고 생각하지만, 그래서는 안 됩니다. 10살짜리들이 인터넷에서 웹사이트들을 돌아다니고 있습니다"라고 경고하기도 했다.[*9]

어린 나이에 음란물에 노출될수록 상태는 더 심각해진다

음란물과 관련한 가장 큰 문제 중 하나는 음란물에 접촉하는 연령이 점점 낮아지고 있다는 것이다. 앞서 살펴본 '고등학생들의 사이버 음란물 접촉과 성범죄와의 관계성 분석' 보고서에 따르면, 초등학교 1~3학년 때 처음 음란물을 접한 학생들은 그렇지 않은 학생들에 비해 성범죄를 저지른 비율이 비교적 높았다. 이들이 고등학생이 된 이후에 설문 조사를 통해 드러난 바로는 성추행(26%), 성관계 강요(23.4%), 성적 접촉(11.7%) 등 성범죄를 행한 비율이 비교적 높게 드러난 것이다.[*10] 2007년, 대학생들을 대상으로 한 조사에서는 음란물을 일찍 접할수록 성적 행동이나 임신 등을 하는 비율이 더 높은 것으로 나타났다.

결론적으로, 음란물 접촉 시기를 늦추고 차단하는 것이 조기 혼외 성적 행위를 지연시키고 원치 않는 임신을 예방하는 길임을 알 수 있다.[11]

_한국학교보건학회지, 제20권 제2호 (2007년 12월), 59쪽, "일부 대학생들의 인터넷 음란물 접촉과 성행동"

일부 대학생들의 인터넷 음란물 접촉과 성행동   63

〈표 5〉 인터넷 음란물 접촉시기에 따른 성행동의 차이 (n=412)

내용	구분	접촉시기			x2	p
		초등 (N=75)	중학 (N=228)	고등이후 (N=109)		
이성교제 시 상대의 손을 잡아 보았다.	예	63(84.0)	176(77.2)	86(78.9)	4.78	.347
	아니오	8(10.7)	38(16.7)	12(11.0)		
	모르겠음	4(5.3)	14(6.1)	11(10.1)		
이성교제 시 포옹을 해 보았다.	예	60(80.0)	159(69.7)	80(73.4)	4.47	.376
	아니오	11(14.7)	51(22.4)	18(16.5)		
	모르겠음	4(5.3)	18(7.9)	11(10.1)		
이성교제 시 키스를 해 보았다.	예	60(80.0)	129(56.6)	66(60.6)	13.71	.006**
	아니오	10(13.3)	76(33.3)	32(29.4)		
	모르겠음	5(6.7)	23(10.1)	11(10.1)		
자위행위를 해 본 경험이 있다.	예	45(60.0)	96(42.1)	25(22.9)	27.44	.000***
	아니오	21(28.0)	102(44.7)	68(62.4)		
	모르겠음	9(12.0)	30(13.2)	16(14.7)		
성 관계를 가진 경험이 있다.	예	37(49.3)	55(24.1)	19(17.4)	27.45	.000***
	아니오	31(41.3)	158(69.3)	80(73.4)		
	모르겠음	7(9.3)	15(6.6)	10(9.2)		
(남학생의 경우) 임신을 시켰거나 (여학생의 경우) 임신을 한 적이 있다.	예	11(14.7)	10(4.4)	3(2.8)	15.62	.008**
	아니오	57(76.0)	206(90.4)	98(89.9)		
	모르겠음	7(9.3)	12(5.3)	8(7.3)		
공공장소일지라도 애정표현을 숨기지 않으려 한다.	예	24(32.0)	46(20.2)	17(15.6)	7.75	.119
	아니오	37(49.3)	126(55.3)	66(60.6)		
	모르겠음	14(18.7)	56(24.6)	26(23.9)		

Fisher's exact test, **p<.01, ***p<.001

_한국학교보건학회지, 제20권 제2호(2007년 12월), 63쪽, "인터넷 음란물 접촉 시기에 따른 성행동의 차이"

"내" 문제가 "뇌" 문제가 될 수 있음을 교육하라

중독의 시대가 진격해 오고 있다

최근 세간을 떠들썩하게 한 'n번방' 사건을 단순히 음란의 결과물로 보는 것은 큰 오산이다. 대부분의 중독 전문가는 n번방 사건을 접하는 순간, 성중독된 부류의 집단적 발각 사건으로 파악했다. 즉 음란 및 중독이 함께 섞여서 범람하는 현세대의 모습이 매우 도식적으로 드러난 사건인 것이다.

필자가 약대를 졸업한 이후에 중독상담학 대학원으로 진학한 이유가 있다. 인류 미래에 닥칠 각종 행위 중독에 대한 성경적 해법을 제시하고 싶었기 때문이다. 성문제를 상담해 온 많은 청년이 보인 증상들은 바로 음란물 중독이었다.

중독의 정의를 살펴보면, 습관화한 특정 행동이 내성(tolerance. 약물을 반복 사용하다 보면 효과가 떨어지는 현상)과 금단 증상으로 연결될 때 중독으로 간주한다. 알코올 중독이나 니코틴 중독, 마약 중독 같은 것은 이른바 물질 혹은 유해 약물 중독이라고 불린다. 이는 소위 '티 나는' 중독의 일종이다.

그러나 최근에는 쇼핑, 도박, 섹스 중독 같은 행위 중독이 사회적인 문제로 부상하고 있다. 도박, 섹스, 쇼핑 등의 행위 중독에서도 내성과 금단 증상 같은 생리적인 의존성을 동반하는 충동

조절 장애가 나타나는데 이는 쉽게 '티 나지 않는' 행위 중독들이다. 즉 습관화된 특정 행동이 갈망, 내성, 금단 증상, 사회 부적응 등으로 연결될 때, 중독된 것으로 간주한다. 성형 중독도 행위 중독에 포함된다.

알코올이나 마약에 중독된 경우, 내성이 생겨 약물의 강도를 계속 높여야 자극이나 효과를 얻을 수 있는 것처럼 성중독도 행위 자극의 강도를 계속 높여야 하고, 중단할 경우에는 불안과 초조를 느끼는 금단 증상을 겪게 된다. 이것을 단순한 '습관' 정도로 여기고 넘어가서는 안 된다. 중독된 뇌는 물질 중독이건 행위 중독이건 단순히 심리적인 문제로만 끝나지 않고, 뇌에 심각한 변화를 일으킨다. 그리고 이러한 현상은 청소년들의 뇌에서 더 뚜렷이 나타난다.

평균 수명 50세를 넘기기 힘들었던 과거와는 달리 이제 우리는 평균 100세 시대를 살아가고 있다. 주님이 우리에게 100년을 은혜로 주시는 것이다. 그런데 한 영혼이라도 옳은 데로 오게 하며 천국으로 초대하는 전도자의 삶을 살지 않고, 오로지 세상이 추구하는 가치와 쾌락을 좇는 일에 올인하여 세월을 허비한다면, 결국 특정 물질이나 행위에 중독되는 길로 치닫게 될 것이다. 성령의 역사 없이, 예수님을 아는 지식 없이 그저 눈에 보이는 것들을 좇으며 수목같이 긴 인생을 살다 보면, 각종 중독, 특히 성중독이 개인의 삶으로 들어오는 것은 시간문제다.

"술 취하지 말라 이는 방탕한 것이니 오직 성령으로 충만함을 받으라" 엡 5:18

이 말씀은 단순히 알코올 중독을 예방하기 위해 쓰이는 캠페인 구절이 아니다. 성령이 아닌 세상의 즐거움에 중독되어 그것을 취하는 것에 대한 경고 말씀이다.

쾌락 중추 자극을 즐기느라
굶어 죽은 쥐 이야기

1954년 캐나다 맥길대학교(McGill University)의 심리학과 교수 피터 밀너(Peter Milner)와 제임스 올즈(James Olds)는 뇌의 어떤 부위가 전기 자극을 받으면 불쾌감을 유발하는지를 알기 위해, 쥐의 뇌에 전극을 꽂고 관찰하는 실험을 했다. 상자 속에 쥐를 넣고, 쥐가 지렛대를 누르면 뇌에 전기 자극이 가해지도록 했다. 그들은 쥐가 전기 자극을 받으면 불쾌감을 느껴서 다시는 지렛대를 누르지 않을 것으로 생각했다. 하지만 정반대 현상이 벌어졌다.

쥐들은 자기 뇌를 자극하기 위해 시간당 무려 7천 번이나 지렛대를 눌러 댔다. 심지어 음식과 물은 쳐다보지도 않고, 기진맥진해 죽을 때까지 지렛대를 누른 쥐도 있었다. 전기 자극이 가해진 뇌 부위는 쾌감 중추에 해당하는 '측좌핵(nucleus accumbens)'이었다.

이후 연구를 통해 신경과학자들은 측좌핵과 복측피개영역(ventral tegmental area)을 포함하는 '보상회로(reward circuit)'를 밝혀냈다.[12]

음란물 보다가 기억력이 뚝뚝

2012년, 독일 뒤스부르크-에센대학교(Universität Duisburg-Essen) 연구진은 평균 연령 26세의 성인 남성 28명을 대상으로 음란물이 기억력에 미치는 영향을 알아보는 실험을 했다. 실험 참가자들에게 컴퓨터 화면으로 자극적인 성인물 이미지와 일반 이미지를 번갈아 보여 주고 나서 어떤 사진들이 있었는지 쓰게 하는 간단한 실험이었다. 그 결과, 성적인 사진을 본 그룹이 일반 사진을 본 그룹에 비해 기억력이 많이 떨어진다는 것이 밝혀졌다.[13]

일반적으로 기억력이 떨어졌다고 느껴지면, 대개 치매를 걱정하곤 한다. 그런데 기억력과 음란물이 밀접한 관계임을 인지하고, 음란물을 멀리하는 것이 기억력을 유지하는 지혜로운 처사임에 틀림없다.

너는 내 것이라

성중독자의 뇌, 마약 중독자의 뇌와 같아진다

2013년 9월, 포르노 중독자의 뇌에 관한 연구 결과가 발표되었다. 영국 케임브리지대학교(University of Cambridge) 심리분석학의 연구팀 일원인 발레리 분(Valerie Voon)박사에 의하면 니코틴 중독이나 알코올에 중독된 사람들의 뇌 특징이 성중독자들의 뇌에서도 동일하게 발견되더라는 것이다.

케임브리지대학교의 정신과학과 연구원이 강박적 성행동, 즉 성중독 현상을 보이는 남성 19명의 뇌 활동을 조사하여 건강한 자원봉사자 19명의 뇌와 비교했다. 중독자 그룹은 건강한 자원봉사자 그룹에 비해 더 낮은 연령에서부터 음란물을 보기 시작했다는 점이 특이했다. 연구 참가자들에게 성적으로 노골적인 내용이나 스포츠와 관련된 일련의 짧은 영상물을 보여 주고 나서 두뇌 활동을 측정하기 위해 뇌 MRI 촬영을 했다. 성중독자는 마약 중독자와 유사한 행동을 보이는데, 두뇌 활동에도 유사점이 있는지 확인하기 위한 실험이었다.

그 결과, 놀랍게도 포르노를 보는 동안 성중독자의 뇌는 알코올 중독자나 마약 중독자와 같은 세 영역에서 과도하게 활성화되는 것이 나타났다.[14][15] 그리고 원래 중독자의 뇌를 갖고 태어나서가 아니라 중독의 메커니즘 속에 뇌의 변형이 포함되는 것으로 전문가들은 보고 있다.

음란물 시청은 뇌의 특정 부위를 쪼그라뜨린다

2014년 독일 연구진은 논문을 통해 음란물을 즐겨 보는 사람의 뇌를 연구한 결과, 음란물을 많이 볼수록 뇌가 쪼그라들 수 있다는 연구 결과를 발표했다.[16] 음란물을 많이 본 사람일수록 자극과 보상 반응을 담당하는 뇌 부위, 즉 대뇌의 바닥핵 가운데 있는 선조체(striatum)가 작아져 있다는 것이다.[17]

음란물이 성적 충동을 일으키고 마약처럼 점점 더 강한 자극

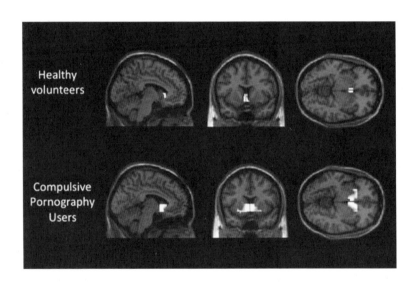

_케임브리지대학교의 심리분석학 연구팀이 제시한 포르노 중독자의 뇌. 위 그림은 정상인의 뇌이고, 아래 그림은 중독자가 포로노를 볼 때 뇌의 반응이다.(출처: 데일리메일)

너는 내 것이라

을 원하게 되며 결국 뇌를 쪼그라들게 하는 심각한 부작용을 일으킨다는 독일 연구진의 연구 결과가 있었다. 이는 많은 언론에 대서특필되었다.[18] 음란물을 많이 소비한 사람일수록 보상과 동기부여와 관련된 부위인 선조체(striatum)의 뇌 부피가 작아짐으로 말미암아 성적 자극에 덜 반응하는(즉 강한 성적 자극에만 반응하는) 것을 발견했으며 더 많은 포르노 소비는 의사결정 능력의 손상(impaired decision-making capability)을 초래할 것을 시사한다고 〈메디컬 데일리(Medical Daily)〉지는 보도했다.[19]

이전까지는 포르노 중독에 관한 연구는 대개 정신적, 정서적, 심리적 영역에 국한되어 진행되었다. 그러나 독일 연구진이 포르노 같은 성적 자극이 뇌에 직접적인 영향을 끼칠 수 있다는 것을 밝혀냄으로써 큰 평가를 받았다.[20]

음란물에 중독된 뇌에 부식(erosion)이 일어났다

음란물 시청은 뇌 손상을 불러올 수도 있다. 캐나다 라발대학교(Laval Universite)의 신경과학 연구원 레이첼 바르(Rachel Barr) 박사의 연구에 따르면, 포르노를 정기적으로 시청한 사람들은 대뇌 피질의 29% 가량을 차지하는 전전두엽 피질(prefrontal cortex)에서 손상이 발견되었다. 이 부분이 손상되면, 충동을 조절하지 못하거나 강박적 행위, 의지력 약화, 우울증, 발기 부전 등이 나타나기도 한다. 연구진은 "포르노를 자주 시청하는 것은 정신 건강과 성생활에 치명적"이라면서 "실제 성생활에서 어려움을 겪을 뿐 아니라 장기적으로 성 기능 장애를 가져올 수도 있다"고 지적했다.

바르 박사는 이에 대해 "더 큰 아이러니는 포르노가 성적인 만족을 주겠다고 약속하지만 반대의 결과를 가져온다는 것(The much greater irony is that while porn promises to satisfy and provide sexual gratification, it delivers the opposite.)"이라고 언급하며 "과학은 이제 막 포르노 소비의 신경학적 영향을 드러내기 시작했다. 전 세계적으로 음란물 시청자들은 정신 건강과 성생활에 치명적인 영향을 받고 있음이 자명하다. 우울증(depression)에서 발기 부전(erectile dysfunction)에 이르기까지 포르노는 심각한 결과로 신경망을 실조(hijacking our neural wiring)시키고 있다"고 주저 없이 경고했다.[21] 바르 박사는 포르노는 도덕성, 의지력, 충동 조절의 컨트롤 타워인 "전전두엽을 부식시킨다(erosion of the prefrontal cortex)"라고까지 표현하며 아동기의 포르노 시청이 치명적임을 경고했다.[22] 포르노 사업자들이 실제로 많은 사람의 영혼을 망가뜨리고, 육체 건강까지 무너뜨리고 있는 셈이다.

"평강의 하나님이 친히 너희를 온전히 거룩하게 하시고 또 너희의 온 영과 혼과 몸이 우리 주 예수 그리스도께서 강림하실 때에 흠 없게 보전되기를 원하노라" 살전 5:23

너는 내 것이라

우리 육체 가운데 중요하지 않은 곳은 없으나 특히 뇌는 너무나 중요한 기능을 한다. 음란물 시청이 뇌를 망가뜨리고 부식시킨다는 사실을 우리 사랑하는 자녀들에게 명쾌하게 가르쳐야 한다.

뇌는 잘못된 쾌락이라도 맛 보고나면 보상받고자 한다

뇌의 보상 회로 시스템에 관련된 신경조절물질(neuromodulater)은 도파민과 세로토닌을 대표로 꼽는다. 세로토닌은 쾌락 시스템에 작용하며, 도파민은 인지나 운동 등 여러 가지 작용에 깊이 관여하는 신경전달물질이다. 이들의 활동에 영향을 미쳐 즐거움을 한 번 맛보게 한 물질이나 행위를 잊지 못하고, 다시 찾게끔 만드는 보상 회로가 형성된다. 약물만 영향을 미치는 것이 아니라 쇼핑, 섹스, 도박 등과 같은 행동을 통한 자극 역시 이들 신경전달물질에 영향을 미쳐 신체에 변화를 일으키는 것이다.

처음 한두 번은 호기심으로 음란물을 봤어도 쾌락이 뇌에 자극을 가해 보상 회로 체계를 구성하면, 계속해서 성적 자극을 찾게 된다. 문제는 같은 양의 쾌락을 맛보기 위해서는 점점 더 자극적인 음란물을 찾아야 하고, 더 많은 시간을 할애해야 한다는 점이다. 음란물을 보는 사람의 뇌가 계속해서 똑같은 수준의 쾌락과 흥분을 즐기기 위해서는 점점 더 많은 도파민을 필요로 하게 된다. 그리고 이를 위해 점점 더 많은 포르노를 봐야 하는 것이다. 메커니즘이 이러하니 음란물 중독은 누구에게나 찾아올 수 있다.[23]

음란물 중독이 성 기능 장애를 유발하기도 한다

음란물을 하루 2시간 이상 시청할 경우에 발기 부전이 일어날 수도 있다고 경고하는 학자도 있다. 2017년 5월, 미국 스탠퍼드 대학교 심리학과 필립 짐바르도(Philip Zimbardo) 명예 교수는 영국 BBC 뉴스를 통해 '포르노와 비디오 게임의 상관관계에 관한 연구'의 결과를 공개했는데, "비디오 게임과 포르노를 과도하게 이용하는 청년들이 남성성의 위기를 맞고 있다"고 경고했다.[24] 젊은 남성 2만 명을 대상으로 그들의 생활을 밀착 조사한 결과, 하루 2시간 이상 음란물을 본 사람은 여자 친구를 만나도 성인물을 보고 싶어 하는 중독 상태가 나타났기 때문이다.

짐바르도 교수는 "(음란물에 의해) 뇌 기능과 뇌의 보상 체계가 바뀌며 새로운 종류의 즐거움과 중독을 유발하기 시작한다"며 '포르노에 의한 발기 부전(Porn Induced Erectile Dysfunction; PIED)'을 언급하면서 "정력이 넘쳐야 할 젊은 남성들이 발기 부전을 겪고 있다"고 지적했다. 짐바르도 교수는 부모들이 이 문제를 심각하게 받아들이고, 아들이 방에서 홀로 몇 시간을 보내는지 확인해야

한다고 충고했다.[25]

짐 바르도 교수의 연구 발표는 음란물 시청 기준이 하루 2시간에서 주 4시간으로 바뀌는 등 자료의 신뢰도가 떨어지기는 했지만[26] 거시적으로 봤을 때, 충분히 참조할 만한 보고로 평가된다.

2017년, 미국 비뇨기과학회(American Urological Association; AUA) 연례 학술 대회에서 소개된 바에 따르면, 인터넷 음란물을 보며 자위행위를 자주 하는 사람은 그렇지 않은 사람보다 발기 부전 위험이 증가한다고 한다.[27]

미국 샌디에이고 해군 병원(Naval Medical Center) 소속 매튜 크라이스트먼(Matthew Christman) 박사는 당시 언론을 통해 "포르노는 인터넷 게임보다 더 중독성이 있다"며 정신적 문제의 일종임을 강조했다. 즉 인터넷 음란물에 자주 노출되면 게임 중독처럼 뇌에서 강한 중독성 물질이 만들어지고, 더 자극적인 것을 원하게 되며, 정상적인 감수성이 감소될 뿐만 아니라 성 기능도 약해질 수 있다고 말했다.

크라이스트먼 박사는 같은 병원 소속인 조나단 버거(Jonathan Berger) 박사와 함께 음란물 노출에 따른 성 기능 문제를 확인하기 위해 비뇨기과 클리닉에 내원한 439명의 남성과 71명의 여성을 대상으로 익명의 설문 조사를 했다. 그중에 음란물 없이 성관계를 한다고 답한 사람들이 발기 부전의 위험성이 가장 낮았다 (22%). 그러나 음란물을 보는 사람의 경우, 발기 부전의 위험성이 33%였으며, 자위행위까지 하는 사람은 79%까지 증가했다. 이러한 현상은 남성 내원자들에게서 뚜렷이 나타났다.

크라이스트먼 박사 팀은 "음란물은 중독성이 강하다. 따라서 젊은 남성들이 내원하면 상담을 통해 위험성을 알려 주는 게 필요하다"면서 "다행히 음란물을 멀리하면 성 기능 장애가 회복된다는 연구도 있다"고 말했다.[*28 *29]

음란 동영상을 봤더니
간이 나빠졌다?

음란 동영상물을 자주 보는 미혼 남성은 간 기능이 저하될 수 있다는 흥미로운 연구 결과가 발표된 적도 있다.

2012년 4월, 충북도립대학교 생체신호분석연구실의 조동욱 교수는 미혼 남성 10명을 대상으로 음란 동영상을 시청한 전후의 얼굴을 IT 기술로 비교 분석한 결과, 간 기능 손상의 징후가 보였다고 밝혔다.

음란 동영상을 보기 전과 후의 피실험자의 얼굴색을 비교한 결과, 10명 중 9명은 왼뺨에서 Lab값(3차원 그래프로 표현한 색상의 값) 색 체계의 b값이 유독 감소하는 것으로 나타났다. 이것은 왼뺨이 푸른색을 띠었다는 것을 의미한다. 한의학의 망진(望診) 이론으로 볼 때, 간 기능이 나빠졌다는 것으로 해석할 수 있다는 것이 조 교수의 주장이다. 망진이란 환자의 얼굴빛을 눈으로 살펴보고 병을 진

　　　　　　　　　　　　너는 내 것이라

단하는 것을 말한다.

　조 교수는 음란 동영상을 시청한 뒤에 성적 충동이 증가했지만, 성욕을 풀 방법이 마땅치 않은 미혼 남성들의 경우 스트레스 호르몬이 증가해 간에 나쁜 영향을 준 것 같다고 해석했다.[*30]

하나님이 주신 소중한 호르몬과 신경조절물질을 잘 관리하자

도파민을 헛되이 낭비하지 말라

하나님은 인간에게 도파민이라고 하는 신경조절물질을 주셨다. 도파민은 선한 일에 쓸 수 있는 천연의 에너지 자산이다. 인간으로 하여금 어떤 일을 하려고 결심하게 하거나 혹은 하고 싶다는 의욕을 느끼게 해 준다. 인간이 어떤 일을 해내어 얻는 쾌락, 즉 성취감이나 도취감 또한 도파민이 없다면 세상에 존재하지 않을 감정이다. 성취감은 도파민의 분비로 인해 경험할 수 있으며 이러한 성취감은 도파민 분비를 일으킨 물질이나 행동에 대한 갈망을 강화한다.

도파민은 이른바 의욕을 샘솟게 하는 신경조절물질로써 많이 분비될수록 더 강한 쾌락을 느끼며, 두뇌 활동 역시 증가한다. 작업 속도, 정확도, 목표 지향적 행동, 인내, 끈기 등에 지대한 영향을 준다. 도파민형 인간은 경우에 따라서는 일중독처럼 보이기도 하지만 투자 시간 대비 극대의 효율을 보이는 사람들을 보면 도파민의 분비와 수용체의 작용이 매우 활발하게 진행 중인 사람들이 대부분이다.

무기력감을 제거하고 작업 능률을 올릴 목적으로 사용되는 약물, 이른바 각성제는 기본적으로 도파민의 총량을 늘리는 약물이

너는 내 것이라

다. 도파민 분비 자체를 촉진하거나 도파민의 재흡수를 막아서 도파민의 지속 시간과 양을 늘리는 효과를 준다.

문제는 음란물을 보면서 자위하느라 도파민을 소모하는 성중독자들이 점점 늘어나고 있다는 사실이다. 중독성 행동에 의한 반복된 자극으로 도파민이 과다 분비되면, 항상성(homeostasis) 유지를 위해 도파민 신경 세포로부터 방출되는 도파민 수용체가 순간적으로 감소하다가(down-regulation) 어느 정도 시간이 지나면, 다시 복구되거나 증가하는 상향 조정(up-regulation) 과정을 거치게 된다. 이 시점은 이미 중독 행동이 중단된, 곧 휴지기 상태다. 즉 도파민 폭풍이 끝난 뒤여서 수용체들이 거의 빈 상태이므로 각종 금단 증상들이 나타난다. 도파민에 주린 상태처럼 된다는 것이다. 그래서 그 주림을 채우기 위해 또 음란물을 보며 자위하는 등 쾌락 중추를 자극하는 일을 반복하게 된다.

소중한 도파민이 재앙의 도파민으로 작용하게 하는 것이 바로 음란물 중독이다. 하나님이 허락하신 소중한 부부간 성관계 속에서, 열심을 다해 집중해야 하는 사역 속에서 쓰여야 하는 도파민을 엉뚱한 데서 폭풍처럼 소비해 버린다면, 인간의 뇌와 심신은 도파민 수용체 고장을 겪으면서 점점 망가질 수밖에 없다.

유대감과 친밀감을 형성하는 호르몬을 엉뚱한 데 쓰지 말라

성행위 중에 증가하는 옥시토신(oxytocin)이나 바소프레신(vasopressin)은 성적 흥분을 유발한 상대와의 유대감과 친밀감을 형성하는 호르몬이다. 원래 옥시토신은 자궁 수축을 통해 분만에 영향을 주고, 분만 후에 아기와의 유대감을 형성하며 모유 수유가 원활하게 이루어질 수 있도록 신체를 적응시키는 호르몬으로 알려져 있다.

바소프레신은 남성과 여성 모두에게서 나오지만, 특히 남성에게 더 큰 영향을 준다. 항이뇨호르몬(antidiuretic hormone)이라고도 불리는 바소프레신은 유대감과 친밀감을 유발하는 중요한 호르몬이다. 신기한 것은 일부다처제인 들쥐에 바소프레신을 투여하면 일부일처제를 고수하지만, 바소프레신 수용체 억제제를 투여하면 다시 일부다처제로 돌아가는 현상이 관찰되었다는 것이다.[31]

음란물 앞에서 자위하며 각종 유대감 호르몬을 뿜어내는 뇌는 부부간의 정상적인 성관계에서는 제 기능을 발휘하지 못하고, 비정상적이고 과도한 자극을 유발하는 포르노와 유대감과 친밀감을 형성하는 현상을 나타낸다. 이런 현상이 심해지면, 음란물을 시청코자 컴퓨터를 켜기 시작하는 순간부터 유대감과 친밀감의 대상인 음란물(내지는 그것을 보여 줄 컴퓨터)을 만날 생각에 안도감을 느끼게 된다. 쉽게 말해서, 음란물을 보지 못하는 상황에서는 안절부절못하며 하루를 보내다가 집에 도착하여 어두운 방에서 음란물을 보기 위해 준비할 때부터 이미 몸이 반응하는 중독 현상을 보인다는 뜻이다.

음란물과의 유대감 형성은 어찌 보면 도파민 폭풍에 의한 내성의 발현이나 수용체 고장에 의한 금단 증상 발현보다 더 깊고 무서운 성중독의 기전이라 할 수 있다.

음란물을 보며 자위하고 사정하는 일을 반복하다가 포르노 중독이 되면, 결국 배우자와의 성관계에서 발기 부전을 보이게 된다. 더 큰 자극을 갈망하도록 보상 체계가 망가지는 것이다.

도파민(긴장, 집중, 적극성, 기분 좋음), 노르에피네프린(norepinephrine, 성적 흥분), 엔도르핀(극치감, 행복감, 해방감), 세로토닌(평온함, 만족감), 옥시토신(친밀감, 유대감), 바소프레신(친밀감, 유대감)과 같은 성관계 시 방출되는 각종 신경조절물질, 신경전달물질, 호르몬을 성경이 인정하는 인간의 정상적인 성욕의 구현 통로인 부부간 성관계가 아닌 음란물을 보며 자위하며 쓴다면 정상적인 부부 생활이 깨질 수 있다.

미국의 성중독 치료를 위한 비영리 재단인 브레이브하트(BraveHearts)의 설립자 마이클 리히(Michael Leahy)는 포르노 중독으로 이혼까지 겪으며 방황하다가 포르노 중독을 극복하고, 성중독 치료 전도사 역할을 자처하며 포르노 노출의 심각성을 알리고 있다. 그는 음란물에 중독되어 신혼여행에서 신부와 첫날밤을 보내지 못했을 뿐만 아니라 아내와의 평범한 성관계에 만족하지 못하

_막다른 골목에서 죽기 살기의 각오로 포르노 중독에서 벗어난 마이클 리히다. 지금은 포르노 중독 치료의 전도사로 활동하고 있다

여 퇴근 후에는 서재에 틀어박혀 포르노를 시청했다고 한다.[32]

음란물과 유대감이 형성되면, 음란물은 마치 연인처럼 음란물 중독자를 에워싸고 절대로 놓아 주지 않으려고 한다.

미국인의 생활을 연구하는 단체 PALS(Portraits of American Life Study)에서 2006년과 2012년에 기혼자를 대상으로 설문 조사한 장기 연구에 따르면, 2006년에 음란물을 즐긴다고 답변했던 남편일수록 2012년에 결혼의 질이 낮아진 것으로 나타났다.[33] 또 다른 조사에서는 음란물을 많이 접한 젊은이일수록 연인과의 관계에서 헌신도가 낮아진 것으로 나타났다.[34] 몸으로나 마음으로나 음란물과 유대감을 쌓은 상태에서 실제 연인에게 헌신하는 데는 분명히 한계가 있을 수밖에 없을 것이다.

우리나라의 경우, 알코올 중독자나 니코틴 중독자에 관한 통계는 있지만, 포르노 중독자에 관한 정확한 통계는 아직 나와 있지 않다. 그러나 포르노 중독의 연령대가 낮아지고 있는 것만큼은 분명한 것 같다. 아이들은 특유의 자기 과신과 전능감(全能感)

　　　　　　　　　　　너는 내 것이라

으로 중독에 빠지기 쉽다. 즉 '나는 스스로 조절할 수 있고, 재미 삼아 한 일에 중독되거나 빠져들지 않을 자신이 있어. 언제든지 그만둘 수 있어'라고 생각하는 경향이 강하다는 뜻이다. 그렇게 믿고 있는 아이들에게 음란물의 폐단을 구체적으로 가르쳐야 한다. 정죄하지 않되 사랑을 담아 명료하게 가르쳐야 한다.

"음란물을 계속 보면, '네'가 문제가 아니라 네 '뇌'가 문제가 돼 버릴 수 있어."

교회와 가정에서 하고 있는 음란물 예방 교육의 현실

방치되는 아이들

"그동안 야동(음란 동영상)을 보는 것이 뭔가 당당하진 않았지만, 그것이 성경적으로 명백히 죄라는 것은 오늘 강의를 듣고서야 처음 알게 되었어요."

성경적 성교육을 진행하던 초창기에 강의 후에 한 고등학생이 해 준 피드백이다. "그랬구나. 도움이 됐는지 궁금하네"라고 답했더니 그 학생이 기다렸다는 듯이 "일단 야동을 끊기로 마음먹었어요"라고 대답했다. 그래서 "음란물을 보는 게 죄라는 것을 오늘 처음 알았다니, 교회 다닌 지 얼마 안 됐나 보구나" 하고 조심스레 물어보았다. 그러자 그 학생이 이렇게 말했다.

"아뇨. 3대째 모태 신앙인이에요. 학교에서도 교회에서도 음란물을 보는 것에 대해 배워 본 적이 없어요. 집에서도요."

최근에 경기도 용인의 한 교회 청소년 수련회에서 강의했는데, 한 여중생이 눈물을 글썽거리며 대화를 요청해 왔다. 성행위가 난무하는 팬픽을 보고 즐기면서 강박증에 시달렸지만 끊지 못하고 있었다는 것이다. 신앙인으로서 양심에 찔리면서도 팬픽에 등장하는 음란한 장면들은 아이돌의 사랑 이야기일 뿐이라고 정당화하며 즐겼다고 한다. 그런데 그동안 아무도 바르게 가르쳐

너는 내 것이라

주는 사람이 없었다는 것이다. 마음 한편으로는 누군가가 "이건 잘못된 것이니 회개하라"고 일깨워 주길 바랐는데, 바로 그날 드디어 깨닫게 되었다고 했다. 강의를 듣고 나니 강박증이 떠나가는 것을 느꼈다면서 고맙다고 했다. 그러면서 다른 교인 친구들도 팬픽을 너무 많이 본다면서 그들을 어떻게 도우면 좋겠냐며 눈물을 글썽였다.

왜 교회 안의 아이들조차 음란물에 관한 바른 가이드라인을 제시받지 못해 온 것일까?

왜 음란물 예방 교육을 하지 않는가?

교회에서도 가정에서도 학교에서도 음란물을 보는 것에 대한 성경적이고 합리적인 교육을 받아 본 적이 없이, 음란물의 홍수 속에 그대로 노출되어 있는 크리스천 청소년들이 많아서 안쓰럽다. 학부모와 목회자와 교사들이 영적 멘토가 되어 아이들이 음란물을 멀리하고, 영적으로 성장할 수 있도록 도와야 한다.

실제로 우리나라의 국민 대다수가 음란물의 범람이 매우 심각한 수위에 도달했다고 생각하며 문제의식을 가지고 있는 것으로 설문 조사되었다. 2002년에 영상물등급위원회가 월드리서치에 의뢰해 전국 15세 이상 남녀 1,500명을 대상으로 '영상물 등급 분류에 대한 제3차 국민 여론 조사'를 실시한 적이 있다. 당시 전체 응답자의 86.8%가 우리나라에서 유통되는 영상물의 음란성·폭력성·선정성이 '심각하다'고 답했다.[35] 그런데도 왜 교회와 가정에서 음란물 근절 교육을 제대로 하지 않을까?

경남의 한 교회에서 강연하다가 청중에게 "왜 아이들에게 음란물에 대해 바른 지도를 하지 않나요?" 하고 물은 적이 있다. 그러자 여러 가지 답변이 나왔는데, 정리하자면 다음과 같다.

첫째, 음란물을 탐닉하는 것이 죄라는 것쯤은 아이들도 당연히 알고 있을 것으로 생각해서 가르치지 않았다는 대답이 가장 많았다. 성경은 눈으로 하는 간음에 대해서 말하고 있을 뿐만 아니라 음란물이라는 용어 자체가 벌써 '음란죄'를 명시하고 있으므로, 아이들이 당연히 분별하고 있으리라는 생각에 음란물의 해악에 대해서 가르치지 않는다는 것이다.

그러나 성경은 마땅한 것일수록 가르치라고 말한다.

"마땅히 행할 길을 아이에게 가르치라 그리하면 늙어도 그것을 떠나지 아니하리라" 잠 22:6

마땅하니까 더더욱 가르쳐야 한다. 우리가 마땅한 것을 가르치지 않고 청소년 자녀들을 방임해 버린다면, 아이들은 "마땅히 행할 길"을 배우지 못한 채 어른이 되어 버릴 것이다. 마땅한 것은 마땅하니까 강론하지 않고 마땅찮은 것은 마땅찮으니까 가르치지 않는다면 결국 아무것도 가르치지 않겠다는 말밖에 안 된

너는 내 것이라

다. 하나님 보시기에 마땅한 것을 가르치는 것이 순종이다.

둘째, 음란물 시청이 디지털 네이티브들에게 이미 보편화되고 일상화되어 있으므로 교육해 봤자 효과가 없을 것으로 생각한다. 이러한 패배주의 역시 음란물에 대해 바른 교육을 하지 못하게 만든다.

그러나 필자가 음란물 예방 성교육을 해 온 바로는 절대로 그렇지가 않았다. 심지어 공교육 현장에서 믿지 않는 청소년들을 대상으로 음란물 예방 교육을 했을 때에도 상당한 효과를 봤고, 긍정적인 피드백을 받았다. 일반 남자 고등학교에서 '음란물 근절과 성폭력 예방 교육'을 실시했는데, 강의를 들은 학생들은 하나같이 "감사하다, 너무 중요한 강의를 들었다"며 긍정적인 반응을 보였다.

2019년 9월에 한국과학기술회관 국제회의장에서 열린 포럼에서 크리스천의 연애와 결혼을 주제로 강의를 하게 되었다. 필자는 그날 강의에서 음란물이 결혼생활에 끼치는 악영향에 대해서도 잠깐 다루었다. 그리고 음란물 시청은 죄이며, 용서하시는 사랑의 하나님께 회개함으로 나아가자고 촉구했다. 그리고 음란물의 객관적인 폐해를 드러내는 자료를 소개했다, 그런데 그 강연이 끝난 뒤 놀랍게도 몇몇 청년들이 음란물 시청이 죄라는 것을 알게 해 주어 감사하다며 인사하러 왔다.

중요한 것은 강사의 성경에 대한 확고한 믿음, 전달자로서의 바른 태도, 전문성과 진정성이다. 음란물 예방 강의를 한답시고 무조건 끊으라는 메시지만 반복하거나 합리적인 통계나 연구 결과의 제시 없이 막연하게 음란물을 보면 인간성이 망가진다는 식의 교육은 오히려 역효과를 낼 수 있다.[*36] 특히 교회에서 교육할 때는 성경 말씀을 정죄의 도구로 휘두르며 아이들을 겁박해서는 안 된다. 회개하는 자를 용서하시는 사랑과 긍휼의 하나님을 제시하지 않은 채 정죄만 하는 것은 율법주의적인 태도. 정죄하시는 하나님으로 이미지를 각인시키는 역효과가 일어날 수 있다는 것에 주의해야 한다. 또한 성경적 성교육일수록 성경에 근거

_2019년 9월에 한국과학기술회관 국제회의장에서 열린 '레알 제대로 된 크리스천 연애, 결혼, 성 멘토링'이란 주제의 포럼에 초청받아 필자는 음란물이 결혼생활에 왜 악영향을 주는지에 관해 강연했다

_음란물 강연 후 음란물을 끊기로 결심한 청소년들이 축하해 달라고 해서 필자가 그들의 핸드폰에 사인해 주는 장면이다

너는 내 것이라

한 것일 뿐만 아니라 정신 승리를 강요하는 교육이 아닌 프로페셔널한 강의여야 한다.

셋째, '양육자인 나 역시 음란물을 즐기고 있는데, 어떻게 자녀들에게 음란물을 보는 것이 죄라고 가르칠 수 있단 말인가' 하며 자책감에 싸여서 바른 성교육을 아예 포기하는 경우가 많다. 그리스도인 양육자에게 '완벽하지 않은 내가 아이들을 훈육하느니 차라리 남에게 맡겨야겠다'는 무력감이 스며들면, 그의 자녀들은 위험에 처할 수 있다. 우리가 완벽하고 죄가 없어서 복음을 전하는 것이 아니며, 우리가 완벽하고 죄가 없어서 아이들에게 말씀을 강론하는 것이 아니다.

자녀에게 "거짓말은 죄"라고 가르치는 것이 '나는 거짓말을 한 번도 해 본 적이 없어'라든가 '거짓말하는 사람들보다 내가 더 우월해'라는 의미를 내포하지 않는다. "거짓말은 죄"라는 말은 말 그대로 하나님은 거짓말을 분명히 죄로 보시므로 하나님의 자녀 된 우리는 거짓말을 하지 않기 위해 노력하고, 만일 죄를 범했다면, 회개하고 주님께 용서를 구해야한다는 뜻이다.

같은 원리로, "도둑질은 죄"라고 가르치는 것이 '나는 도둑질을 해 본 적이 한 번도 없어'라든가 '나는 도둑질을 하지 않으니까 그들보다 영적으로 우월해'라는 의미를 내포하지 않는다. 말 그대로 도둑질은 주님이 보시기에 죄이므로 우리는 도둑질하지 않기 위해 힘써야 하고 만일 도둑질을 범했다면 회개하고 주님께 용서를 구하자는 것이다.

"음란물을 보는 것은 죄"라고 가르칠 때도 마찬가지다. 음란물을 보는 것이 죄임을 강론하는 것이 '나는 음란물을 본 적이 한 번도 없는 우유 빛깔 무균질 양육자야'라든가 '음란물을 본 너보다 난 우월해'라는 의미를 내포하지는 않는다는 말이다.

완벽한 양육자만이 자녀를 위해 말씀을 강론할 수 있는 것은 아니다. 물론, 예수님이 명령하셨듯이 양육자인 우리는 완벽을 추구하며 살아야 한다. 전술한 바가 있으나 한 번 더 강조하고 싶은 것은 예수님이 "하늘에 계신 너희 아버지의 온전하심과 같이 너희도 온전하라(마 5:48)"고 명하셨다는 것이다. 그러나 현재 우리의 모습은 "부분적으로 알고 부분적으로 예언(고전 13:9)"할 뿐이다. 놀랍게도 주님은 자녀들 앞에서 강론하고 말씀으로 훈육할 권세를 실수투성이에 허점투성이인 우리에게 주셨다. 우리의 연약함을 잘 아시기 때문이다.

"이스라엘아 들으라 우리 하나님 여호와는 오직 유일한 여호와이시니 너는 마음을 다하고 뜻을 다하고 힘을 다하여 네 하나님 여호와를 사랑하라 오늘 내가 네게 명하는 이 말씀을 너는 마음에 새기고 네 자녀에게 부지런히 가르치며 집에 앉았을 때에든지 길을 갈 때에든지 누워 있을 때에든지 일어날 때에든지 이 말씀을 강론할 것이며 너는 또 그것을 네 손목에 매어 기호를 삼으며 네 미간에 붙여 표로 삼고 또 네 집 문설주와 바깥 문에 기록할지니라" 신 6:4-9

미디어를 통해 온갖 죄악이 쓰나미처럼 밀려오는 이때, 우리가 위축감 때문에 자녀의 영적 양육에서 손을 떼 버린다면, 이보다 더 큰 비극은 없을 것이다. 어깨를 펴고, 자녀에게 마땅히 행할 길을 가르치고, 양육에 열심을 내야 한다.

넷째, 양육자 자신이 음란물의 문제점을 정확히 알지 못하므로 가르치기가 어렵다. 음란물이 나쁜 것이라는 것을 어렴풋이 알고는 있지만, 정확한 통계나 연구 자료를 접해 본 적이 없는 양육자들이 많다. 이 네 번째 장벽은 이 책에서 다루는 통계 자료나 연구 자료들을 통해 많이 해결되리라고 생각한다. 그 외에도 음란물의 문제점을 제시하는 문헌이나 보고서는 많은 편이다. 성경 말씀과 실질적인 근거 자료, 이 두 가지를 활용한 투 트랙(two track) 전법으로 아이들을 가르칠 수 있다. 그뿐만 아니라 유튜브에서 필자가 음란물에 관해 강연한 영상물을 찾아 반복해서 듣거나 음란물 근절에 관해 정리해 놓은 다른 책들을 읽어 보는 것도 도움이 될 것이다.

다섯째, 음란물을 보지 말라고 하면 오히려 역효과가 난다는 말에 조심하느라 말을 꺼내지 못한다. 이것은 황당한 말에 지나지 않는다. 심지어는 아들과 나란히 앉아서 음란물을 볼 수 있어야 한다고 가르치는 사람도 있다고 한다.

인간의 성충동과 성욕은 생물학적으로 엄연히 존재하므로 음란물을 통해 해소하고자 하는 라이프 스타일 자체를 문제시할 수 없을 뿐만 아니라 음란물 예방 교육은 무용지물일 뿐이라고 주장하는 성교육 강사들이 점점 늘어나고 있다. 그만큼 성교육은 매우 위험한 교육이다.

행정안전부는 음란물을 시청하는 자녀는 소통을 통해 바로잡아 주는 것이 바람직하며 이를 방치하는 부모가 문제라고 지적한다. 즉 자녀가 잘못된 선택을 할 때, 부모는 따뜻한 사랑으로 옳고 그름을 분별해 주고, 바른길을 선택할 수 있도록 성경 말씀과 말씀을 지지하는 많은 근거를 동원하여 자녀를 이끌어야 할 의무가 있다는 뜻이다. 자녀가 음란물을 즐기는 정황이 포착되었을 때, 부모는 강경한 태도로 정죄하는 말을 쏟아 내거나 저주하는

재생(k) 사춘기 때의 자연스러운 현상이라며 내버려두는 부모

_행정안전부에서 청소년 음란물 중독이 방치되는 것에 대한 심각성을 알리기 위해 제작된 캠페인 홍보 영상 (2012.12.4 게시): 사춘기 자녀가 음란물을 보는 것은 자연스러운 현상이라며 내버려 두는 부모

너는 내 것이라

태도를 취해서는 안 된다. 지혜로우면서도 단호하게 아이들을 가르쳐야 한다. 특히 부모 자식 간에 소통이 막힌 가정은 성경적 성교육뿐 아니라 전반적인 신앙 강론 자체가 어려운 상황에 처해 있음을 본다. 1장에서 소통을 회복하는 간단한 비법을 소개한 바 있으니 참고하기를 권한다.

음란물을 예방하고 끊기 위한 구체적인 실천 방법

성교육 현장에서 학부모들이 하소연해 오는 것 중의 하나가 바로 음란물이 나쁘다는 것은 알지만, 구체적으로 얼마나 나쁜지 그리고 어떻게 예방해야 하는지는 들어본 적이 없다는 것이다. 또 자녀가 음란물을 이미 접했을 경우에 어떻게 가르쳐야 할지 구체적인 방법을 배울 곳이 없다며 안타까워한다. 음란물이 얼마나 위험하고 나쁜가에 관해서는 앞에서 다루었으므로 참조하면 될 것이다. 이번에는 음란물 예방 및 근절을 위해 구체적으로 어떻게 하면 좋을지, 누구나 쉽게 따라 할 수 있는 방법들을 제시하고자 한다.

음란물은 백해무익함을 교육하라

2012년, 행정안전부가 '청소년 성인물 이용 실태 조사' 결과를 발표하며 내린 결론은 "음란물을 일상생활에 지장이 없을 정도로만 적당히 봐라"가 아니라 "음란물은 아예 차단하라"는 것이었다.[37] 즉 음란물이 주는 유익은 요즘 말로 '1도' 없다고 본 것이다.

항간에 음란물이 성욕을 해소시켜 주고, 과도한 성적 호기심을 줄여 준다고 생각하는 사람이 더러 있다. 하지만 이는 음란물을 크게 오해하고 있는 것이다. 음란물을 인간의 성적 충동과 욕구를 충족시켜 주는 괜찮은 해방구로 보는 견해는 완전히 틀렸다. 음란물이 끼치는 악영향은 이루 말할 수 없을 정도로 심각하다. 음란물은 성충동 억제나 성욕 해소에 도움이 되지 않을뿐더러 오히려 더 강화한다는 사실이 확인되고 있다.

내 손에 든 토마토를 스크린에 던지면, 스크린에 토마토가 묻는다. 분명히 스크린은 토마토와 무관한데, 내가 토마토를 던져 놓고는 스크린이 원래 토마토투성이였다고 착각할 수 있다. 마찬가지로 음란물에 자주 노출된 사람은 자신이 음란물에 의해 성애화된 상태에서 부지불식간에 다른 사람들도 자신과 동일할 것으로 단정하고, 성애화된 자신의 내면을 사람들에게 투사한다. 즉 자신의 내면이 음란물로 지배된 만큼 다른 사람들도 역시 그러할 것이라고 착각하는 것이다.

그래서 선물이랍시고 상대방에게 음란물을 보냈다가 뜻하지 않게 성희롱 가해자가 되기도 한다. 상대방이 성적 수치심을 느끼리라고는 생각하지 않은 것이다. 음란물이 성희롱과 성추행을 부추긴 셈이다. 마치 엄마가 해 주는 젓갈 반찬이 냄새난다며 싫다고 했던 사람이 나중에는 그 익숙한 냄새를 잊지 못해 자기 손으로 해 먹는 것과도 같다. 자주 접함으로써 자극이 일반화되고 체화되기 때문이다. 그러므로 '내가 듣고, 보는 것이 곧 내가 된다'는 사실을 명심해야 한다. 내가 보고, 듣고, 즐긴 것이 결국 나의 내면을 구성하게 되고, 그런 나의 내면이 외부로 드러나는 것은 시간문제다. 음란물이 죄로 직행하는 통로가 되는 것이다.

앞서 소개했던 행정안전부의 통계 자료에서도 드러나듯이 음란물을 접한 청소년들은 변태적인 장면을 보고도 변태로 느끼지 않게 되고, 친구까지도 성적 대상화를 하게 된다. 성폭행범의 개인 컴퓨터를 살펴보면, 늘 엄청난 음란물들이 쏟아져 나온다. 음란물을 보는 것이 성욕 해소에 도움이 된다면, 그렇게 많이 보고도 왜 성범죄를 저지르겠는가? 오히려 유타대학교(University of Utah) 심리학과 빅터 클라인(Victor B. Cline) 명예 교수는 "음란물을 너무 많이 봐서 모방해 보고 싶은 욕구가 강해지는 것"이라고 말한다.

클라인 교수는 음란물을 접촉한 후에 겪게 되는 4단계 변화를 발표한 바 있다. 그에 따르면, 1단계에서는 호기심으로 음란물을 접하고, 강한 자극을 받는다. 2단계에서는 자극을 느끼기 위해 반복해서 보다가 갈수록 일반적인 음란물은 싱겁고 재미없게 느껴지는 무감각 상태가 되어 좀 더 자극적인 음란물을 찾게 된다. 3단계에서는 음란물의 내용을 보편적인 성으로 인식하는 일반화 단계에 들어선다. 4단계에서는 음란물에서 본 것을 직접 행동으로 옮겨 실행함으로써 성폭력 범죄자가 되거나 변태 성욕자가 되어 타인에게 피해를 줄 뿐만 아니라 자신도 스스로 고통받는 삶을 살게 된다는 것이다.[38]

성폭력 범죄자 중 대다수가 음란물 중독자인데, 그 대표적인

너는 내 것이라

음란물을 접촉한 후에 겪게 되는 4단계 변화(빅터 클라인)

호기심	자극	일반화	모방
자극	**상승**	**불감증**	**성적 행동**
호기심과 단순 흥미	더 자극적인 것을 찾음	일반적인 것으로 오해	실제로 행하려 함

사례를 보자. 2012년 7월, 통영에서 이웃집 초등학생을 성폭행하고 살해한 범인 김정덕의 경우, 그가 쓰던 컴퓨터에서 아동 포르노를 비롯한 음란 동영상이 70여 편, 음란 소설과 사진이 130여 점 발견되었다.*39 만일 음란물이 성욕을 해소해 준다면, 김정덕은 이렇게까지 음란물을 많이 봤는데, 왜 초등학생을 성폭행하고 살해까지 했겠는가?

같은 해 4월, 이른바 수원 토막 살인 사건의 범인 오원춘 역시 조사 결과 하루 3~4번씩 스마트폰으로 음란 사진을 다운로드 받았는데, 700여 장이 저장되어 있었다. 검찰 조사에서 그는 "컴퓨터로 음란 동영상을 자주 시청해 왔다"고 진술했다.*40

2010년 6월, 초등학교 운동장에서 8세 여아를 납치해 성폭행했던 범인 김수철은 또 어떤가? 범행 전날 오전 9시부터 밤 10시까지 10대 여성이 등장하는 음란 동영상 52편을 시청하고 난 다음 날, 이같이 끔찍한 범행을 저질렀다.*41 2007년 12월에 일어난

안양 초등학생 납치 살해 사건의 범인 정성현의 컴퓨터에서는 포르노 영상 700여 편이 발견되었고[*42], 2010년 5월, 아파트 옥상에서 또래 여중생을 성폭행한 이 모 군(당시 14세)은 범행 동기를 묻자 "야동에서 본 것을 따라 하고 싶었다"고 진술했다.[*43] 당시 여학생은 가해자를 피해 비상계단 창문에서 뛰어내려 추락하여 사망했다.

이러한 사례는 일일이 언급하기 힘들 정도로 많다. 결론은 음란물이 왜곡된 성관념과 폭력성을 부추긴다는 사실이다.

다시 강조하지만, 음란물의 악영향을 막으려면 음란물을 '적당히' 보는 것은 괜찮다는 생각을 버리고, 아예 차단해야 한다는 것이다. 예수님도 이 같은 의미의 말씀을 하셨다.

> "간음하지 말라 하였다는 것을 너희가 들었으나 나는 너희에게 이르노니 음욕을 품고 여자를 보는 자마다 마음에 이미 간음하였느니라 만일 네 오른 눈이 너로 실족하게 하거든 빼어 내버리라 네 백체 중 하나가 없어지고 온몸이 지옥에 던져지지 않는 것이 유익하며 또한 만일 네 오른손이 너로 실족하게 하거든 찍어 내버리라 네 백체 중 하나가 없어지고 온몸이 지옥에 던져지지 않는 것이 유익하니라" 마 5:27-30

"우리가 아직 죄인 되었을 때에 … 우리를 위하여 죽으심으로 (롬 5:8)" 우리를 향한 하나님의 사랑을 확증해 주신 주님이 이처

럼 단호하게 말씀하셨다. 당장 죄에 맞서 싸우라고 말이다. 싸우
다 싸우다 안 되면, 자기 눈을 뽑아서라도 죄를 버리라고 말씀하
신다. 예수님이 행위로 구원을 받는다고 말씀하신 적이 있던가?
예수님이 율법주의자였는가? 아니다. 예수님의 이 가르침은 율
법주의도 행위구원론도 아닌, 하나님의 자녀에게서 기대할 수 있
는, 죄와 싸우는 수위를 말씀하고 있는 것이다. 죄의 종노릇하다
가 지옥으로 온몸을 던지지 말고 죄에 단호하게 맞서고, 죄와 싸
워 이기라고 응원하시는 것이다.

공적인 영역에서 목소리를 낼 때 뱀같이 지혜로워야 한다

2015년, 영국의 변호사이자 복음주의 그리스도인인 안드레아
윌리엄스(Andrea Willams)가 우리나라를 처음 방문했을 때, 동성애
를 반대하는 일인 시위를 보고 감탄하며 우리나라 그리스도인들
을 부러워했다. 그러면서 영국은 바로 잡을 타이밍을 이미 놓쳐
버렸다면서 한탄했다. 영국은 과거 대중매체가 동성애를 다루기
시작할 때 방관한 탓에 이제는 안방극장에서 게이들이 버젓이 베
드신을 펼치는 나라가 되었다. 심지어 미국에서 회사원이 고등학
생과 성관계를 맺은 사건을 가져와 드라마로 제작했다고 한다.
대중매체가 악을 재생산하고 있는 것이다.

2014년, JTBC 드라마 〈선암여고 탐정단〉에서 교복을 입은 여

학생 둘이 학교에서 키스하는 장면이 수십 초간 방영된 적이 있다. 이 장면이 문제가 되는 이유는 비교적 접근성이 낮은 극장 영화와 달리 TV 드라마는 전 연령층에 열려 있는 데다가 안방극장에서 이런 장면을 보여 주면, 공공성이 부여되기 때문이다.

그래서 이를 보다 못한 한 학부모 단체는 JTBC 방송국 앞에서 〈선암여고 탐정단〉이 청소년의 동성애를 다룬 책임을 묻는 일인 시위를 벌였고, 결국 드라마 제작자를 고발하기에 이르렀다.[44] 당시에 필자 역시 일인 시위를 벌인 끝에 드라마를 제작한 팀을 만나서 강력하게 항의했다. 결국, 16부작으로 기획되었던 드라마가 14부 만에 조기 종영되었으며, 담당 PD는 방송통신심의위원회로부터 경고 처분을 받았다.

이처럼 잘못된 성문화를 유포하는 행위에 관해서는 마음으로만 반대하지 말고 공개적으로 반대 의사를 분명히 밝히는 것이

JTBC 방송국 앞에서 일인 시위를 하고 있는 필자

너는 내 것이라

필요하다. 공적인 영역에서 합리적으로 잘못을 지적하고, 합법적으로 반대하는 것이 매우 중요하다.

이때 신중하게 행동해야 한다. "뱀같이 지혜롭고 비둘기같이 순결(마 10:16)"해야 하기 때문이다. 그리고 공개적으로 시위하라. "악은 어떤 모양이라도 버리라(살전 5:22)"고 하셨으니 욕설을 한다든가 예의 없는 행동을 해서는 안 된다. 성경은 "너는 전략으로 싸우라 승리는 지략이 많음에 있느니라(잠 24:6)"라고 말한다. 주님께 지략을 구하고, 전략을 구하라. "성령을 소멸하지 말며 예언을 멸시하지 말고 범사에 헤아려 좋은 것을(살전 5:19~21)" 취해야만 선으로 악을 이길 수 있다.

자녀가 음란물을 즐기는 상태임을 처음 알게 되었을 때 크리스천 부모의 태도는 어떠해야 하는가

자녀가 음란물을 즐기는 사실을 알게 되었을 때, 크리스천 부모는 어떤 태도를 취해야 할까?

▌죄와 사람을 분리하라: 거룩한 분화(分化)

사도 바울은 "우리가 아직 연약할 때에 기약대로 그리스도께서 경건하지 않은 자를 위하여 죽으셨도다(롬 5:6)"라고 말했다.

이것은 우리가 죄인을 어떻게 대해야 하는가에 관한 말씀이다.

자녀가 죄를 지었다 할지라도 사랑해야 하며 사랑할 수밖에 없는 것이 부모의 마음이다. 부모 역시 죄투성이 자녀였고, 지금도 죄와 처절히 싸워야 하는 처지가 아닌가. 하나님은 죄인을 양자 삼고자 예수님을, 즉 친자를 보내기까지 우리를 사랑하셨다. 죄인이어서 사랑하신 것이 아니라 죄인임에도 불구하고 사랑하신 것이다.

그러나 죄인이나 원수를 사랑하라는 말은 그들이 행한 악행마저도 사랑하라는 말은 아니다. 그가 저지른 죄악에까지 관용을 베풀라는 말로 착각해서는 안 된다. 사람과 행위는 반드시 분리하여 다루어야 한다. 거룩한 분화(分化, differentiation)가 필요하다는 뜻이다. 예수님은 죄인을 사랑하셨지만, 죄는 미워하셨다. 그것이 주님의 온전한 사랑임을 잊어서는 안 된다. 자기 자녀를 사랑한다는 이유로 자녀가 행한 도둑질까지 사랑해서는 안 되며 오히려 도둑질이 죄라고 알려 주고 회개하도록 이끄는 것이 진정한 사랑이며 분화이다.

각종 죄악된 행위들에 인권, 다양성의 인정, 존중과 배려, 자기 성적 결정권, 휴머니즘과 관용주의 등 여러 프레임을 현란하게 갖다 붙이고는 그 행위들이 더 이상 죄가 아니며 각각 상대주의적 가치일 뿐이라고 외치는 세상에서 분화는 반드시 필요하다.

▌선악의 기준을 정하는 분은 하나님이심을 알리라

하나님은 악을 철저히 미워하신다. 즉 우리는 하나님이 미워하시는 것을 악이라고 부른다. 선과 악의 기준은 전지전능하며 무오하신 하나님이 정하신다. 우리는 "부분적으로 알고 부분적으로 예언(고전 13:9)"하는 자일 뿐이니 온전하신 하나님의 기준을 따라 살아야 안전하고 평안하고 행복하다.

남에게 직접적인 피해를 주는 것이 아니라면 어떤 행동도 죄가 되지 않는다고 생각하는 젊은이가 많다. 그러나 이는 큰 오산이다. 죄인인 인간이 어떻게 스스로 죄의 경계를 규정짓는단 말인가. 선과 악을 가르는 기준은 남에게 끼치는 피해의 유무, 양심의 찔림 여부, 발각 시 법적 처벌의 유무, 타자와의 합의 여부 등에 있지 않다. 그 기준은 오로지 주님이 보시기에 선한가 아니면 악한가에 달려 있다. 인간이 상대주의적 관점에서 선과 악을 "자기 소견에 옳은 대로(삿 17:6)" 해석하고, 악을 선으로 바꾸거나 선을 악으로 바꾸어서는 안 된다는 사실을 차세대에게 분명히 가르쳐야 한다.

> "악을 선하다 하며 선을 악하다 하며 흑암으로 광명을 삼으며 광명으로 흑암을 삼으며 쓴 것으로 단것을 삼으며 단것으로 쓴 것을 삼는 자들은 화 있을진저" 사 5:20

하나님을 진정으로 사랑하는 사람은 성령의 역사 속에서 하나님이 말씀으로 주시는 분별력 가운데 궁극적으로 악을 미워하기 마련이다. 악을 행하거나 죄를 지으면 내면에서 끊임없이 갈등이 일어나며 영적 싸움을 벌이게 된다. 그러나 우리 대장 되시는 예수님이 우리로 하여금 그 영적 싸움에서 승리하게 도우실 것이다.

▌정죄나 감시하는 태도가 아닌 사랑하고 공감하는 마음으로 시작하라

자녀가 음란물을 시청한다는 사실을 알게 되면, 이 문제에 관해 대화하기 좋은 시점을 너무 늦기 전에 잡아라. 이때 아이를 정죄하거나 감시하는 태도로 해서는 안 되며, 자녀의 죄책감에 공감하며 사랑하는 마음으로 소통해야 한다.

"오늘 엄마가 책을 읽었는데, 음란물의 문제점을 잘 다루고 있어서 많이 배웠어" 같은 말로 대화를 시작하는 것이 바람직하다. 다짜고짜 성경 말씀으로 정죄하며 "너 음란물 봤지? 얘가 정말 큰 일이네. 엄마가 잘못 키웠나 봐"라는 식으로 시작하면, 아이는 마음 문을 굳게 닫아 버릴 것이다.

두 편의 자료 동영상[45] [46]을 아이와 함께 보면서 아이의 눈높이에 맞추어 대화하는 것도 좋은 방법이다. 앞에서 언급한 음란물이 공격성을 증가시킴을 보여 주는 짧은 동영상을 "참고 동영상 1"로 활용해 볼 것을 제안한다. 동영상 1을 보고 "음란물이 사

너는 내 것이라

람을 잔인하게 만드네"라고 운을 떼 볼 수 있다. 행정안전부가 음란물 예방을 위해 제작한 짧은 동영상을 "참고 동영상 2"로 활용해 볼 것을 제안한다. 동영상 2를 볼 때는 "행정안전부가 음란물에 대해 이런저런 정보를 주고 있구나" 하면서 부모가 아이와 함께 배우고 습득한다는 느낌을 주면서 편하게 소통할 수 있다.

가정 예배를 드리는 집이라면, 이런 과정을 거칠 필요 없이 '음란물 예방'을 예배 주제로 정해 보는 것도 좋다. 성경 암송을 하는 가정이라면, 마태복음 5장의 '눈으로 짓는 간음죄'와 관련된 구절을 아이에게 설명해 주고, 함께 암송하는 과정에서 음란물 시청을 근절할 것을 촉구하는 것이 좋다. 그리고 예배나 암송을 마무리할 때, 자녀가 음란물 시청을 스스로 솔직하게 인정하고, 부모와 마음을 나누며 함께 회개 기도를 드리게 하라. 음란물을 다시는 보지 않겠다는 아이의 결심을 도와주겠다고 다짐하며 '어떤 상황에서도 너를 사랑하며 부모는 하나님이 보내 주신 너의 안전기지'임을 일깨워 주어라. 말과 행동, 즉 고백과 포옹으로 마음을 전하는 것이 필요하다.

> "너희 중에 누가 아들이 떡을 달라 하는데 돌을 주며 생선을 달라 하는데 뱀을 줄 사람이 있겠느냐 너희가 악한 자라도 좋은 것으로 자식에게 줄 줄 알거든 하물며 하늘에 계신 너희 아버지께서 구하는 자에게 좋은 것으로 주시지 않겠느냐" 마 7:9-11

이 말씀을 아이와 함께 읽거나 암송하고, 하나님은 우리가 거룩한 삶을 구하면 반드시 주시는 분임을 알게 하라. 기도로써 음란물 시청의 욕구를 끊을 수 있다고 가르쳐 주어라. 그러나 육신을 입고 이 세상에서 사는 한 왜곡된 성적 호기심과 충동이 언제든지 또 엄습해 올 수 있으니 그때마다 음란물과 맞서 싸워야 함도 가르쳐야 한다.

크리스천 학부모를 대상으로 강의할 때, 자주 받는 질문이 있다. "우리 아이가 음란물을 보고 있는지 염려됩니다. 오늘 집에 가서 아이에게 물어보는 게 좋을까요? 음란물을 봤는지 안 봤는지, 봤다면 얼마나 봤는지를요." 이런 경우에 필자는 자녀가 음란물 시청을 많이 하고 있는지 아닌지를 직접 묻는 것은 추천하지 않는다. 평소에 자녀와의 소통이 매우 활발한 부모라면 이 같은 대화가 가능하겠지만, 그렇지 않은 가정이 더 많기 때문이다. 그럴 땐 간접적으로 물어보거나 스스로 이야기할 수 있도록 분위기를 조성하는 지혜가 필요하다. 예를 들어, "○○아, 엄마가 궁금한 게 있는데, 너희 반에 음란물을 보는 친구들이 많아? 넌 어떤 것 같아? 음란물을 많이 본 청년이 성추행 사건을 저질렀다는데, 너희 학교는 어떤지 궁금하구나" 하고 물어보는 것이다.

질문을 할 때 이 책에서 전술한 음란물 관련 통계를 이야기하며 시작을 하는 것도 좋다. 음란물 예방 교육은 꼭 동성(同姓)의 부모가 할 필요는 없으나 아들과 아빠가, 딸이 엄마와 소통할 때 더 효과적이기는 하다. 남자로써 혹은 여자로써 비슷한 사춘기를 겪는 것이 통상 동성의 부모이기 때문에 일단 점수를 따고 들어가는 교육이 된다.

크리스천 양육자로서 공적인 영역에서 바른 소리를 내라

골방에서 기도하는 것은 신앙인의 삶에서 필요한 모습이다. 그러나 사회·정치·경제·문화·교육 등 모든 공적 영역에서 진리를 선포하는 것 역시 반드시 필요하다.

모세는 하나님을 독대하는 기도 자리에서뿐만 아니라 공적인 자리, 즉 애굽 왕 바로와 사람들 앞에서 하나님의 말씀을 선포함으로써 이스라엘 백성을 출애굽 시켰다. 비록 모세 자신은 "입이 뻣뻣하고 혀가 둔한(출 4:10)" 사람이었지만, 말을 잘하는 형 아론의 도움을 받아 출애굽을 선포했다. 또 에스더 왕비는 하만의 궤계를 막기 위해 금식하고 기도했으며 모르드개에게도 중보 기도를 부탁했다. 그러나 그것으로 그치지 않고, 진정한 기도자답게 "죽으면 죽으리이다(에 4:16)"라는 심정으로 아하수에로 왕 앞에 나아갔다.

예수님도 공적인 자리에서 인류 구원의 진리를 선포하셨다. 길과 진리와 생명 되시는 예수님은 법정에서나 본디오 빌라도 앞에서나 자신의 정체성을 숨김없이 드러내며 많은 사람을 옳은 길로 인도할 진리를 선포하셨다.

이처럼 우리도 음란한 문화에 공개적으로 맞서야 한다. 이것은 대가를 치를 각오를 해야 한다는 뜻이기도 하다. 진실을 말하고, 진리를 선포하는 것은 모세나 에스더 왕비 같은 지도자들에게만 주어진 사명이 아니다. 사도 바울은 디모데에게 이렇게 말했다.

> "오직 너 하나님의 사람아 이것들을 피하고 의와 경건과 믿음과 사랑과 인내와 온유를 따르며 믿음의 선한 싸움을 싸우라 영생을 취하라 이를 위하여 네가 부르심을 받았고 많은 증인 앞에서 선한 증언을 하였도다 만물을 살게 하신 하나님 앞과 본디오 빌라도를 향하여 선한 증언을 하신 그리스도 예수 앞에서 내가 너를 명하노니 우리 주 예수 그리스도께서 나타나실 때까지 흠도 없고 책망 받을 것도 없이 이 명령을 지키라" 딤전 6:11-14

이것은 우리에게도 들려주는 말씀이다. 우리는 믿음의 선한 싸움을 해야 하며, 이것을 위해 부르심을 받은 '하나님의 사람'이라고 성경은 단언한다.

> "근신하라 깨어라 너희 대적 마귀가 우는 사자 같이 두루 다니며 삼킬 자를 찾나니" 벧전 5:8

마귀는 우리 영혼과 차세대를 노리며 삼키려 한다. 성경이 이

너는 내 것이라

를 분명히 알려 주고 있다. 우리 삶의 모든 영역을 "두루 다니며" 각종 미디어를 통해 차세대를 미혹하려는 사탄의 궤계를 알리고, 그것으로부터 아이들을 보호하기 위해 우리는 항의하고 계몽하기 위해 전화기를 들어야 할 때이다.

사랑받지 못하면 음란물에 더 쉽게 빠진다

2014년, 한국아동학회 추계 학술대회에서 발표된 〈부모 양육 태도가 청소년의 악성 댓글 작성과 음란 사이트 열람에 미치는 영향: 성별 차이를 중심으로〉라는 논문에 따르면, 부모 애착(parents attachment)과 부모 감독(parental supervision)의 수준이 높을수록 자녀의 음란 사이트 열람의 정도가 낮았다.[47] 부모가 직접 교육하고 강론하는, 이른바 부모 감독과 같은 직접적인 통제뿐 아니라 부모와의 건강한 애착 형성 역시 청소년의 음란 사이트 열람을 낮춰 준다는 사실을 의미한다.

부모 애착도 부모 감독만큼이나 부정적인 발달 산물의 감소에 영향을 미쳤다는 데 주목할 필요가 있다. 부모와의 적절한 애착 관계를 통해 지속적으로 형성된 규칙은 청소년의 행동 전략이나 정보에 대한 접근이 스스로 통제되거나 허용되기도 하는 구조화된 과정으로 나타난다.[48]

또한 아동기보다 청소년기로 갈수록, 즉 학년이 높아질수록 가시적인 애착 행동은 줄어들지만, 아동기에 형성된 부모 애착은 인지적으로나 정서적으로 청소년기 전반에 걸쳐 그 영향이 지속된다.[49] 이는 부모와 자녀의 긍정적인 관계와 적절한 부모의 통제가 음란 사이트와 같은 유해한 정보에 노출될 가능성을 줄여준다는 연구 결과와 일치한다.[50]

따라서 부모가 깊은 애정과 관심을 가지고 자녀에게 그 사랑을 표현할 때 청소년의 사이버 일탈 행동이 줄어든다고 할 수 있다. 그러므로 부모는 청소년기 자녀의 인터넷 활용 방법과 습득하는 정보의 내용 등을 주의 깊게 관찰할 필요가 있다. 더 나아가 자녀와 함께 컴퓨터를 이용하는 시간을 갖고, 이를 통해 공감대를 형성하고, 정보를 공유함으로써 자녀와의 친밀감을 형성하는 동시에 자녀의 자기 통제력을 높이는 데 도움을 주는 것이 좋다. 이렇게 함으로써 간접적으로 감독할 수 있게 된다.

자녀가 어렸을 때, 적절한 애착 형성에 노력을 기울이지 않은 것을 뒤늦게 뉘우치고 자책하는 부모들을 종종 만나곤 한다. 그러나 지금도 늦지 않았다.

음란물 근절 교육과 선포를 교회와 가정 안에서 실행하라

성교육 현장은 사실 조용한 전쟁터다. 음란물을 끊기 위한 막연하지 않고 구체적이고도 도식화된 방법을 알려 달라고 요청하

너는 내 것이라

는 이들이 많다. "음란물을 보지 않는 방법은 간단합니다. 말씀 생활과 기도 생활을 열심히 하면 됩니다"라는 식의 가르침은 이미 너무 많이 받았으니 명료하고도 구체적인 방법, 오늘 바로 실천할 수 있는 방법을 가르쳐 달라는 것이다.

무엇보다 음란물에 관해서는 예방이 가장 중요하다. 어떻게 하면 음란물과의 접촉을 예방할 수 있을까? 특히 자녀를 위한 기본 예방법을 소개하고자 한다.

첫째, 눈길이 닿는 집안 곳곳에 성경 말씀을 붙여 놓으라. 필자는 평소 좋아하는 말씀을 프린터기로 출력하거나 직접 손으로 써서 곳곳에 붙여 놓곤 한다. 물이 튀어도 번지지 않는 재료를 사용하는 것이 좋다. 붙여 놓은 말씀들을 보면서 수시로 암송하라. 벽과 천정에 말씀을 붙이고 암송하는 부모의 모습을 보면, 자녀는 성경 말씀이 진리이며 생명임을 심령 깊이 새기게 될 것이다.

둘째, 가족이 함께 기도하는 시간에 음란물 및 각종 악한 미디어로부터 자녀를 지켜 주실 것을 기도하라. "오늘 하루도 (혹은 이번 한 주간도) 스마트폰, PC, 노트북 앞에서 경건을 입증하는 하루가 되게 하여 주소서"라고 기도하거나 나쁜 미디어를 대적하는 선포를 하는 것이 좋다. "죄 앞에 상습적으로 무릎 꿇는 우리가 되지 말게 하시고, 오로지 예수님의 은혜 앞에만 무릎을 꿇는 하루가 되게 하여 주소서" 또는 "우리 눈과 귀를 주님이 주관해 주십시오. 그것들을 아무것에나 내어 줌으로써 사탄이 틈타게 하는 어리석은 죄를 범치 않게 도와주시옵소서"라고 기도해 보라.

셋째, 양육자가 자녀와 소통하기를 멈추지 말라. 공감을 통해 자녀와의 소통의 기회를 확보하고, 계속해서 소통하며 성경 말씀과 기도로 하나 되는 가정을 이루라. 자녀와의 소통을 위한 간단한 비법을 1장에서 소개했으니 다시 돌아가서 한 번 더 읽어보는 것도 좋은 방법이다.

넷째, 10초 허깅에 도전하라. 양육자는 자녀를 안아주어야 한다. 가족 간의 건강한 신체 접촉은 비정상적인 스킨십과 성관계가 난무하는 음란물과 싸울 힘을 준다.

음란물에 젖어 있는 아이들은 부모나 형제자매와의 정상적인 신체 접촉을 피하는 경향이 있다. 음란물에 등장하는 비정상적인 신체 접촉을 계속 시청하다 보니 오히려 가족 간의 친밀한 행동을 거부하는 것이다. 즉 친밀감을 나타내는 신체 접촉에 대해 과민하게 거부감을 표현하는 것이다. 내면에서 성충동이 끊임없이 일어나는 통에 음란한 신체 접촉을 갈구하며 끊임없이 성애화의 폭정에 시달리는 것이다.

허깅의 좋은 점과 구체적인 실천 방법에 관해서는 1장에 자세히 소개했으니 참조하기 바란다.

다섯째, 음란물을 보거나 들으면 음란함이 심령에 퍼진다는 사실을 가르치라. 독을 먹으면 독이 온몸에 퍼지고, 물을 마시면 물이 온몸에 퍼지듯이, 음란물을 보거나 들으면 음란함이 온 심령에 퍼지게 된다는 원리를 가르쳐 주어라.

여섯째, 집안에 있는 음란물들을 모두 없애라. 음란물을 담은

CD, USB, 비디오 테이프 등이 집안에 있다면 모두 없애고 컴퓨터에 음란물 파일이 남아 있다면 모두 삭제해야 한다. 음란물 사이트를 링크로 저장해 두었다면 그 역시 모두 삭제하기를 바란다.

일곱째, 음란을 조장하는 TV 드라마나 프로그램을 시청하지 않는다. 불륜이나 근친상간 같은 패륜을 소재로 하는 소위 막장 드라마 앞에서 울고 웃으며 시간을 보내는 부모들이 많다. 이런 모습을 보면서, 아이들은 영적인 혼란을 겪을 수밖에 없다. 간음을 조장하는 방송 프로그램이 TV에서 방영되는 것을 발견했다면 해당 방송국에 전화하여 "네, ○○○ 방송국이지요? 제가 지금 TV에 방영 중인 ○○○이라는 드라마를 보다가 학부모로서 너무 마음이 불편해서 전화를 드립니다. 불륜을 소재로 이 드라마를 제작하셨네요. 간통을 저지른 남녀의 애정 행각을 마치 진정한 사랑인 양 미화하는 드라마를 전 국민이 시청하는 시간대에 공중파로 내보내시다니 시청자로서 불쾌하네요. 무엇보다도 자라나는 아이들이 보고 배울까 봐 걱정됩니다. 소재를 바꾸어 주시길 ○○○ 피디님께 정중히 부탁드립니다."라고 말해 보기 바란다. 미디어를 통해 번질 수 있는 악한 영향력으로부터 영혼을 구하고자 전화기를 드는 모습을 보여 주는 것이 신앙과 삶의 일치에 관해 강론하는 것보다 훨씬 더 효과적이다. '아. 스마트폰은 저럴 때 쓰는 거구나'라고 디지털 기기의 바른 용도를 깨우치게 될 것이다.

여덟째, 미성년자인 자녀가 부모의 허락 없이 인터넷 유료 사이트에 가입하지 않도록 하라. 유해하든 유해하지 않든 상관없이 모든 유료 사이트는 가입 전 반드시 부모의 허락을 받는 것을 원칙으로 해야 한다. 유해 사이트의 상당수가 유료로 운영되고 있다. 자녀가 유료 사이트를 이용하고 있는지 파악하고, 꼭 필요한 사이트가 아니라면 과감히 정리하도록 지도해야 한다.

아홉째, 가족이 컴퓨터를 공유할 수 있도록 거실 같은 곳에 설치하라. 요즘은 학교 숙제를 하려면 인터넷 검색을 해야 할 때가 많다. 그런데 검색 과정에서 튀어나오는 광고 배너를 통해 음란물 사이트로 접속해 들어갈 여지가 있다. 이것을 미리 방지하기 위해서라도 온 가족이 함께 쓰는 컴퓨터를 이용하게 하는 것이 좋다.

열째, 밤늦은 시간에는 컴퓨터를 사용하지 않도록 지도하라. 늦은 시간까지 컴퓨터를 사용하면 숙면에 방해될 뿐만 아니라 몸이 노곤한 상태에서 감상적인 마음이 되면 음란물에 접속하기가 쉬워진다. 그러니 가급적 낮에, 늦어도 초저녁까지만 컴퓨터를 사용하고, 늦은 밤에는 잠자리에 들도록 지도해야 한다.

열한째, 모르는 사람과는 온라인에서도 대화하지 않도록 주의를 주어라. 온라인으로만 접근해 오는 사람은 대개 위험하다. 상대방이 불건전한 말을 건네면, 그 즉시 대화방에서 빠져나오도록 지도하라. 낯선 사람에게 자신의 개인 정보를 함부로 밝히지 않도록 가르쳐야 한다. 필자는 고등학생과 중학생인 필자의 자녀에게 "익명의 상대와는 온라인 채팅을 하지 말라"고 권한다.

열둘째, 스마트폰은 가급적 늦게 사 주어라. 미성년자가 스마트폰을 사용하는 것을 우려하는 목사님이나 성도들을 많이 만나 왔다. 심지어 어떤 청소년은 스마트폰을 피처폰으로 바꾸고 나니 해야 할 일에 집중할 수 있어서 능률이 더 오른다면서 마음이 편안해졌다고 말했다. 어린 자녀가 원하는 대로 모두 해 주는 것이 사랑은 아니다. 부모는 성경 말씀에 근거하여 분별력 있게 자녀가 누릴 만한 것을 주는 것이 바람직하다. 하나님도 우리가 달라고 요구하는 모든 것에 "yes"라고 응답해 주시지는 않는다.

열셋째, 좋은 습관과 취미를 갖게 하여 스마트폰의 사용을 절제하게 하라. 여가 시간을 선용할 수 있도록 운동, 악기 연주, 찬양대 활동, 청소년 선교 단체 활동 등 특기를 개발하거나 취미 활동을 하게 하라. 아이의 뇌 건강과 신체 건강과 영성 관리에 두루 유익할 것이다.

열넷째, 음란물 근절 프로그램 'SOS & Pray'를 정기적으로 실시한다. 다음에 소개하는 'SOS & Pray' 대처법을 화생방 훈련하듯이 수시로 연습하라.

─────

위기가 닥치면 SOS & Pray 대처법을 사용하게 하라

음란물 근절을 위한 환경을 조성했음에도 불구하고, 자녀가 음란 사이트에 우연히 접속했거나 링크가 걸린 메일을 받아 무심코 열었다가 음란 사이트에 접속했을 때는 어떻게 해야 할까?

필자가 개발한 'SOS & Pray' 대처법을 소개한다. 어느 방송에 출연하여 소개했더니 많은 사람이 열광적으로 호응해 주었던 방법이다.

첫째, 멈추라(STOP).

부지불식간에라도 음란물을 접하게 된 순간, 스마트폰이든 노트북이든 PC든 즉시 꺼 버리라. 더 나아가지 않고, 즉시 멈추어야 한다는 의미다. 음란물을 보고 나서 평가하겠다는 생각 따위는 애초에 버려야 한다. 요셉은 보디발의 아내가 성적으로 유혹할 때, 이럴까 저럴까 망설이며 겪어 본 뒤에 판단하겠다는 태도를 취하지 않았다. 요셉은 즉시 단호하게 그것도 필사적으로 피했다. 일단은 피하는 것이 가장 좋은 방책이다.

둘째, 나가라(OUT).

스마트폰, 노트북, PC 등을 그 자리에 놔둔 채 다른 곳으로 이동하라. 일시적으로 디지털 기기와 물리적인 거리를 둠으로써 음란물을 차단하는 훈련이 필요하다.

셋째, 햇빛이 있는 곳으로 가라(SUNSHINE).

낮이라면 햇빛이 있는 곳으로 나가라. 밤이라서 햇빛이 없다면 영혼의 햇빛 같은 존재인 부모나 양육자나 형제자매에게 달려가라. 죄악은 어두운 데서 싹트기 쉽다. 어두침침한 곳을 벗어나 영·혼·육이 밝아지는 곳으로 나가야 한다. 또한 SUNSHINE(S)은 음란물을 보는 행위를 대체할 다른 활동, 즉 SPORT(운동), SONG(찬양 등 노래하기), SHOUTING(함성 지르기) 등 SEROTONIN(세로토닌)의 분비를 촉진하는 활동을 하라는 의미를 담고 있다.

넷째, 감사 기도를 드리라(Pray).

음란물에서 나를 건져 주신 하나님의 은혜에 감사 기도를 드리라. 또한 음란물을 보고 싶게 하는 악한 영이 떠나가도록 나사렛 예수의 이름으로 선포하는 기도를 하라. 어쩌면 이것이 가장 먼저 해야 할 첫 번째 단계일 수도 있지만, 즉시 보디발의 아내를 피한 요셉처럼 몸을 피하는 것이 급선무인만큼 기도를 네 번째 단계에 두었다. 총 4단계까지 10초밖에 걸리지 않는다. 아침저녁으로 수시로 외치다 보면, 어느새 외칠 필요가 없어질 것이다. 그러면 이기는 것이다. 실제로 악한 영이 떠나가기 때문이다. 예수 그리스도의 이름에 능력이 있기 때문이다.

음란물과의 접촉을 막아 주는
기본 예방법 요약

1_ 눈길이 닿는 집안 곳곳에 성경 말씀을 붙여 놓으라.
2_ 가족이 함께 기도하는 시간에 음란물 및 각종 악한 미디어로부터 자녀를 지켜 주실 것을 기도하라.
3_ 공감을 통해 자녀와의 소통의 기회를 확보하고, 계속해서 소통하며 성경 말씀과 기도로 하나 되는 가정을 이루라.
4_ 10초 허깅에 도전하라.
5_ 음란물을 보거나 들으면, 음란함이 심령에 퍼진다는 사실을

가르치라.

6_ 집안에 있는 음란물들을 모두 없애라.

7_ 음란을 조장하는 TV 드라마나 프로그램을 시청하지 않
는다.

8_ 미성년자인 자녀가 부모의 허락 없이 인터넷 유료 사이트에
가입하지 않도록 하라.

9_ 가족이 컴퓨터를 공유할 수 있도록 거실 같은 곳에 설치
하라.

10_ 밤늦은 시간에는 컴퓨터를 사용하지 않도록 지도하라.

11_ 모르는 사람과는 온라인에서도 대화하지 않도록 주의를 주
어라.

12_ 스마트폰은 가급적 늦게 사 주어라.

13_ 좋은 습관과 취미를 갖게 하여 스마트폰의 사용을 절제하
게 하라.

14_ 'SOS & Pray' 대처법을 화생방 훈련하듯이 수시로 연습하
게 하라.

음란물을 이미 보고 즐겼다는 죄책감에 눌리지 않게 하라: 하나님은 사랑과 은혜가 풍성하시다

하나님은 사랑이시다. 사랑과 은혜가 풍성하신 분이다. 우리가 자녀에게 음란물을 근절하는 교육을 하는 이유 역시 이러한 하나님의 성품을 알게 하기 위함임을 잊어서는 안 된다. 그런데 자칫 음란물 예방 교육이 아이들에게 정죄감을 심어 주어 하나님을 형벌을 내리는 무서운 분으로만 오해하게 하지 않도록 주의해야 한다.

음란죄든 거짓말한 죄든 어떤 죄라도, 우리가 지은 죄가 아무리 주홍같이 붉을지라도, 하나님은 독생자를 이 땅에 그리스도로 보내시어 우리 모든 죄의 삯을 십자가에서 대신 치르게 하시고, 성경에 예언한 대로 그리스도를 죽음에서 부활하게 하셨다. 사랑의 하나님이 우리가 예수 그리스도를 믿고, 그분을 주라 시인하면 구원받을 수 있도록 하셨다는 사실을 가르치라. 하나님은 심판하기 전에 진정한 회개를 기다리고 계시며, 우리 회개를 받으시면 반드시 용서하시는 분임을 알게 해야 한다. 자녀가 우리를 용서하시고, 사랑하시며, 품에 안아 주시는 하나님을 만날 수 있도록 도와야 한다.

필자는 크리스천 청소년들을 대상으로 하는 강연회나 집회에서 미디어와 성경적 성교육에 관한 강의를 마칠 때면, 반드시 하는 말이 있다. "우리를 위하여 독생자를 보내어 십자가에서 죽게 하실 만큼 우리를 사랑하시는 하나님 앞에 회개하는 것만이 답이며, 우리가 회개하면 하나님은 기억조차 하지 않으시고, 우리를 눈과 같이 희고, 양털같이 희게 해 주신다"는 말을 전한다. 그러고 나서 회개를 선포하고, 미디어 앞에서 거룩을 구하는 기도와 감사 기도로 마무리한다.

아이들에게 위의 말씀을 복창하게 하면 매우 신나게 따라 한다. 그러나 용서하시는 하나님에 대해 짚어 주지 않으면, 아이들은 내가 그런 말을 복창할 주제가 되느냐는 듯이 고개를 숙이곤 하는 것을 볼 수 있다. 참된 기독교 성교육은 정죄가 아닌 사랑 위에서 행해져야 한다. 아이들로 하여금 하나님을 피하게 하는 것이 목적이 아니라 하나님께 다가가고 싶도록 만드는 것이 목적이기 때문이다. 율법주의와 극단적인 금욕주의 성교육은 자유주의 성교육만큼이나 위험하다.

잘못을 저질렀더라도 진정으로 회개하고 용서를 구하는 것만이 죄에서 해방될 수 있는 유일한 탈출구이며 하나님이 약속하신 확실한 길임을 믿어야 한다.

아무도 모르는 어둠 속에서 스마트폰 앞에서 죄 짓지 않으려고 노력하는 것이 도대체 무슨 유익을 줍니까?

이 질문에 대한 답을 먼저 제시하자면, 바로 그 노력이 우리에게 영적인 성장을 가져다주며 무엇보다도 주님을 기쁘시게 한다는 사실이다. 그러므로 값을 따질 수 없을 만큼 유익하며 가치가 있다.

> "만일 네 오른 눈이 너로 실족하게 하거든 빼어 내버리라 네 백체 중 하나가 없어지고 온몸이 지옥에 던져지지 않는 것이 유익하며 또한 만일 네 오른손이 너로 실족하게 하거든 찍어 내버리라 네 백체 중 하나가 없어지고 온몸이 지옥에 던져지지 않는 것이 유익하니라" 마 5:29-30

크리스천 청소년들이 예수님의 이 말씀을 자칫 오해하여 예수님이 율법주의자나 행위 구원론자이신가 하며 갈등하지 않기를 바란다. 이는 우리를 사랑하여 우리 죄를 대속하시고자 성육신하시어 이 땅에 오셔서 성경에 예언된 대로 순종하여 사시다가 십자가에서 죽으시고 부활하신 예수님이 우리에게 하시는 진실한 사랑의 당부다. 죄에 질질 끌려다니며 종노릇하지 말고, 피 흘리기까지 죄와 싸워 성화를 이루라는 사랑의 부르심인 것이다. 이것을 잊어서는 안 된다. 장차 우리는 성화의 선물을 받게 되리라는 것을 차세대에게 가르쳐야 한다.

"여호와를 경외하는 것은 악을 미워하는 것이라" 잠 8:13상

성경은 "하나님을 사랑하는 것은 곧 악을 미워하는 것"이라고 곳곳에서 가르쳐 주고 있다. 당장 눈에 보이는 이득이 있건 없건 간에 악한 음란물과 싸우는 것은 하나님을 사랑하는 성도가 마땅히 취해야 할 태도인 것이다.

"(사랑은) 불의를 기뻐하지 아니하며 진리와 함께 기뻐하고" 고전 13:6

누군가를 진정으로 사랑하게 되면, 그가 기뻐하는 것을 나도 기뻐하게 되고, 그가 싫어하는 것은 나도 싫어하게 된다. 하나님을 사랑하기에 세상 사람들이 알아주든 안 알아주든 상관없이, 우리는 어디서나 하나님이 기뻐하시는 일을 이루기 위해 작은 일에도 순종해야 한다.

아무도 보지 않는 어둠 속에서도 죄짓지 않으려고 애쓰는 것은 영적으로 너무나 중요한 자산이 된다. 자칫 작아 보이는 일에 순종하기 위해서 격렬한 영적 전쟁을 치러 낸 승리자에게는 하나님이 천하의 영혼들을 옳은 길로 인도하는 일을 맡기실 것이다.

필자는 차세대에게 사랑의 마음을 담아 이렇게 말하곤 한다.

"음란물을 딱 끊으라. 그런 것은 보지 않아도 사는 데 아무 지

장이 없고, 오히려 영적으로 성장하고 머리가 좋아지며 마침내 이웃을 옳은 길로 인도하는 주의 일꾼이 될 것이다."

음란물을 끊는 것만으로는 부족하다

성교육에서 무엇보다도 중요한 것은, 중독으로 인해서 끊긴 하나님과의 관계를 회복하고, 영혼과 육체에 음란물이 차지하고 있던 공간을 거룩하고 건강한 활동들로 채워 주어야 한다는 것이다. 즉 음란물 없이도 당당하고 행복하게 살 수 있다는 것을 체득하게 해 주어야 한다. 삶의 새로운 지평이 열리는 것이다.

그러나 새로운 변화를 자녀 혼자서 감당하게 해서는 안 된다. 가족과 이웃, 교회와 지역 사회 같은 공동체의 도움과 연합이 절실히 필요하다. 음란물의 파도가 쓸고 지나간 자리를 채우시는 성령님의 권능이 양육자와 교회를 통해 나타나도록 함께 기도하고 노력해야 한다.

크리스천 부모는 자녀와 더욱 활발하게 소통해야 할 것이며 함께 취미 활동을 하거나 단기 선교나 선교 동아리 활동 등 의미 있는 활동을 하게 해 주어야 한다. 합창이나 스포츠와 같은 재미있고 건설적인 활동을 함으로써 새로운 라이프스타일을 가질 수 있도록 이끌어 주어야 한다. 음란 충만이 아닌 성령 충만한 차세대로 거듭날 수 있도록 이끌어야 할 것이다.

디지털 기기들을 선의 도구가 되게 하라

스마트폰이나 컴퓨터는 잘못이 없다. 그 자체가 악한 것은 결코 아니다. 이 시대에 흔히 쓰이는 가치 중립적인 도구인 것이다. 요즘은 굳이 마트까지 가지 않아도 웬만한 것은 클릭 몇 번으로 집까지 배송받을 수 있으니 시간을 아껴 주는 매우 유용한 도구다.

좋게 쓰자면, 얼마든지 선한 일에 쓸 수 있다. 길을 가다가 집안 어르신이 생각나면, 곧바로 전화 걸어 안부를 여쭐 수도 있고, 아픈 이웃에게 위로의 글이나 선물을 보낼 수도 있다. SNS를 통해 지구 반대편에 있는 사람들에게 복음을 전하거나 선한 정보를 흘려보낼 수도 있다. 성경 애플리케이션을 통해 다양한 언어로 말씀을 읽고, 듣고, 묵상할 수 있는 시대다. 유튜브를 통해 성경 66권을 다 들을 수도 있고, 찬양도 얼마든지 들을 수가 있다.

그러나 악하게 쓰자면, 죄악의 지옥문, 이른바 헬 게이트(hell gate)가 열릴 수 있다. 음란한 사진과 영상, 포르노, 아이돌의 동성애를 주로 다루는 팬픽, 갈 데까지 가 보자는 음란한 노래, 불륜을 조장하는 막장 드라마, 성매매 알선 애플리케이션, 시간을 통째로 도둑질해 가는 온라인 게임 등 우리 눈앞에서 온갖 것이 펼쳐질 수 있다. 어떻게 해야 "그리스도의 장성한 분량(엡 4:13)"에 이르기까지 성화의 길을 걸을 수가 있을까? 날마다 스마트폰을 악의 도구로 사용하는 자에게 진정한 성화를 기대하기는 어렵다.

우리의 신앙은 공중에 붕 떠 있어서는 안 된다. 힘들더라도 이 땅에 발을 착지하여 군화를 신고, "내가 거룩하니 너희도 거룩할 지어다(레 11:45)"라고 하신 하나님의 명령을 준행하는 좁은 길에 서야 한다.

스마트폰이 어둠 속에서 너무나 스마트하게 우리에게 말하고 있다. "지금 이 어두운 방에서 너의 스마트폰에서 플레이되고 있는 이것이 바로 네 영성의 현주소다."

우리는 스마트폰을 통해 거룩한 삶에 도움되는 것을 클릭하거나 생활에 유용한 각종 콘텐츠를 이용할 수도 있지만, 또 다른 한 편으로는 사탄이 덫으로 깔아놓은 악한 콘텐츠를 얼마든지 클릭하며 즐길 수도 있다.

우리의 간절한 기대와 소망을 따라 클릭한 그것이 부디 악을 도모하는 것들이 아니길 기도한다.

사도 바울은 "나의 간절한 기대와 소망을 따라 아무 일에든지 부끄러워하지 아니하고 지금도 전과 같이 온전히 담대하여 살든지 죽든지 내 몸에서 그리스도가 존귀하게 되게 하려 하나니(빌 1:20)"라고 탄식한다. 우리 모든 크리스천 양육자가 성화의 길을 더 잘 걸어가려면 우리가 보고 들은 것이 우리를 형성한다는 사실을 유념해야 한다. 내 육의 눈이 음란물을 즐기는데, 내 영혼은 그 눈과 별도로 온전한 거룩을 향해 달려가는 것은 불가능하다. 내 간절한 기대와 소망대로 부끄러움 없이 행했는데도 그것을 통해 그리스도가 존귀하게 드러날 만큼 오늘 하루도 어제보다 한

걸음 더 성화되기를 앙망한다.

　이 땅에서 우리가 신앙인으로서 걸어야 할 삶의 여정, 즉 하나님의 성품을 닮아 가는 길을 가다 보면 결국 악을 미워하는 하나님의 성품을 닮을 수밖에 없다. 그 과정에서 반드시 동반되어야 하는 덕목이 바로 '죄인'과 '죄'를 구별하는 것이다. 악을 행하는 존재는 사람이지만, 그 사람을 악한 길로 이끄는 존재는 사탄이기 때문이다. 원수를 사랑하라는 말이 죄짓게 하는 사탄 혹은 그 죄악까지 사랑하라는 뜻은 아니다. 내 자녀를 사랑한다면, 자녀를 죄의 길에서 돌이키게 하는 것이 바로 사랑이다.

　사랑의 원천이시며 우리 영혼의 궁극적 안전 기지가 되시는 하나님이 우리에게 말씀하신다.

"여호와를 사랑하는 너희여 악을 미워하라" 시 97:10상

너는 내 것이라

"음란물과 전쟁하라"
Activity

음란물 예방 및 근절을 위해 집에서도 할 수 있는 실천법을 소개한다.

━━

음란물 근절을 위한 다양한 실천 방법

1. 앞서 제시한 '음란물과의 접촉을 막아 주는 기본 예방법' 열네 가지를 프린트하여 집안 적당한 곳에 깔끔하게 붙이라. 이때 물에 번지지 않는 재료로 쓰는 것이 좋다. 스케치북과 매직을 항상 준비해 둘 것을 권한다. 교회에서 이 교육을 할 때는 스케치북과 매직을 준비물로 가져오게 하는 것이 좋다(이미 사용한 달력의 뒷면도 사용 가능하다. 보드마카는 번지므로 매직이나 유성 사인펜을 쓰는 것이 낫다. 작게 써 붙일 때는 볼펜도 좋다).
2. 암송 구절을 집안 곳곳에 보기 좋게 붙인다(너저분해 보이면 좋지 않다. 인테리어를 망치면 오히려 거부감을 줄 수 있다).
3. 참고 동영상 두 편(음란물이 공격성을 증가시키는 영상과 행정안전부가 음란물 예방을 위해 제작한 영상. 174-175쪽 참조)을 활용하여 아이와 대화를 나눈다. 평소 소통이 부족하여 대화가 어렵다면 1장에 있는 소통법을 먼저 실천한 뒤에 실행하라.
4. 다음 세 가지 기도를 가정 예배(혹은 소년부, 중등부, 고등부 예배)에서 함께 외쳐라.

　　"스마트폰, 노트북, PC, TV 앞에서 경건을 세워 나가는 오늘 하루(한 주)가 되게 하여 주소서."

"나사렛 예수 그리스도의 이름으로 명하노니 음란물을 보게 하는 악한 영은 떠날지어다."

"우리의 무릎이 음란물 앞에 꿇지 않고, 예수님의 은혜 앞에만 꿇는 하루(한 주)가 되게 하여 주소서."

5. 음란물로 고통받는 주변 친구를 위해 온 가족(소년부, 중등부, 고등부 예배 인원들)이 함께 기도한다.

6. 'SOS & Pray'를 사이렌 소리(음란물이 눈앞에 닥친 상황을 사이렌 소리로 재연)와 함께 실제 행동으로 옮겨 본다(총 10분 안팎 소요 예상).

- 사이렌 소리를 낸다(유튜브에서 제공하는 영상을 틀어도 된다).
- 실제로 노트북을 덮거나 스마트폰을 끈다.
- 온 가족이 함께 (노트북이나 해당 스마트폰을 방에 두고) 나간다.
- 햇빛을 쐬며 운동하거나 찬양을 부르거나 함성을 지른다.
- 감사 기도를 드린다.

You are mine

4장

성경적인 옷차림을 하라

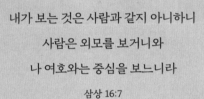

내가 보는 것은 사람과 같지 아니하니

사람은 외모를 보거니와

나 여호와는 중심을 보느니라

삼상 16:7

우리 내면과 옷차림

의식주(衣食住)는 인간 생활의 3대 요소다. 옷 입는 문제, 먹는 문제, 거주의 문제는 인간사에서 매우 기본적인 영역인 것이다. 기본인 만큼 성경적인 모범이 제시되어야 할 영역이기도 하다. 그중에서도 일상생활에서 시각적인 경로를 통해 사람 사이에 가장 큰 역동을 일으키는 영역이 바로 의(衣), 곧 옷차림이다.

아담과 하와가 선악을 구별하는 열매를 먹음으로써 하나님의 영광을 스스로 떠나 버렸고 자신들이 벌거벗고 있다는 사실을 깨달았다. 그러나 죄가 없던 시절에는 벌거벗어도 부끄러울 것이 없었다.

"아담과 그의 아내 두 사람이 벌거벗었으나 부끄러워하지 아니하니라" 창 2:25

세상에 죄가 들어오지 않았더라면, 옷을 입든 벗든 아무 문제될 게 없을 것이다. 사도 바울도 이를 언급한 바 있다.

"깨끗한 자들에게는 모든 것이 깨끗하나 더럽고 믿지 아니하는 자들에게는 아무것도 깨끗한 것이 없고 오직 그들의 마음과 양심이 더러운지라" 딛 1:15

사람의 마음이 영적 순결함만으로 가득 차 있다면, 남자와 여자가 벌거벗은 채로 서로 바라봐도 죄악된 음욕은 싹트지 않을 것이다. 그러나 음욕으로 성애화가 되면, 하나님이 주신 육체를 보고 음란죄에 빠질 수 있다.

하나님은 죄의 유혹에 넘어가 버린 아담과 하와에게 동물 가죽으로 옷을 지어 입히셨다. 인류의 옷 입기 역사가 시작된 것이다.

옷차림이나 몸가짐은 오직 외적인 것으로, 우리 내면의 본질적인 거룩함과는 무관한 것일까?

> "내가 보는 것은 사람과 같지 아니하니 사람은 외모를 보거니와 나 여호와는 중심을 보느니라" 삼상 16:7하

하나님은 겉모습으로 사람을 판단해서는 안 된다고 말씀하시고 있다. 그러나 이는 겉모습을 아무렇게나 해도 된다는 말씀은 아니다. 크리스천 중에 헤어스타일이나 장신구의 사용 등 겉모습을 아무렇게나 해도 괜찮다고 말하는 사람을 찾아보기는 어렵다. 크리스천이 아니어도 누구나 경우에 맞는 옷차림을 하고자 노력하기 마련이다.

하나님은 "중심"을 보시고, 사람은 "외모"를 본다고 하셨듯이 안타깝게도 우리는 내면보다는 겉모습을 먼저 보는 것이 엄연한 현실이다. 경찰 옷을 입고 있으면 경찰로 보이고, 소방관 옷을 입

너는 내 것이라

고 있으면 소방관처럼 보이고, 조폭처럼 옷을 입고 있으면 조폭으로 보이는 것이 사실이다. 즉 눈에 보이는 것을 토대로 상대방에 대해 무의식적으로 판단하고 있는 우리의 모습을 부인할 수 없다. 그러므로 우리의 옷차림이 남에게 시험거리가 되지 않게 유념해야 한다.

필자가 상담대학원을 다니던 시절에 유명한 교수님에게서 상담 심리학을 배울 기회가 있었다. 그 교수님은 오랫동안 수많은 내담자들을 만나 상담하다 보니 상담실로 걸어 들어오는 내담자의 옷차림만 봐도 내담자의 상당 부분을 파악할 수 있게 되었다고 말했다. 짐작한 것이 실제로 맞아떨어진 적이 많았다는 것이다. 옷차림새가 한 영혼을 파악하는 절대적인 기준이 되지는 못하지만 적어도 그 사람의 많은 부분을 시사해 준다.

옷은 신체를 보호하는 것뿐 아니라 많은 정보를 나타내는 기능을 한다. 옷차림은 신분, 성향, 소속, 기분 등을 드러내는 경우가 많다. 원하든 원하지 않든 복장은 주변 사람들에게 많은 암시와 메시지를 전달하는 기능을 하는 것이다. 예를 들어, 경찰복을 입은 사람들 10명이 집 앞에 서 있다면 누구라도 위압감을 느낄 것이다. 설령 그들이 실제 경찰이 아니어도 복장에서 경찰의 권위가 뿜어져 나오기 때문이다.

때로는 옷차림이 그 사람의 취미 생활을 드러내 주기도 한다. 특정 야구팀 특정 선수의 등 번호가 새겨진 유니폼을 입은 사람을 보면, 한눈에 굉장한 야구 매니아임을 알 수 있을 뿐 아니라 어느 선수의 팬인지, 오늘 어느 팀이 이기기를 바라며 응원을 할 건지 예상이 가능하다. 말로 표현하지 않아도 때로는 옷차림이 더 강렬한 메시지나 정보를 주기도 한다.

성경적 옷차림을
가르치기 위한 전제

성경적 옷차림에 관해 가르치는 목적은 다른 사람들의 복장을 판단하거나 비판하는 데 있지 않다. 자신의 옷차림을 돌아보고, 그리스도인으로서 올바른 몸가짐을 하게 하기 위함이다. 이것을 분명히 해야 다른 사람의 복장에 관해 선입견을 갖거나 정죄의 유혹에 빠지지 않게 막을 수 있다. 즉 겉으로 드러난 모습이 곧 그 사람의 영적 상태의 직접적인 표지판이라는 식으로 과도하게 도식화하는 것은 경계해야 한다. 그렇게 단정 짓는 것은 이웃과의 관계 맺음에서 방해 요인으로 작용할 수도 있다. 자신과 타인의 신앙 성장에 방해되는 복장을 피하도록, 스스로 살피는 훈련부터 해야 한다.

너는 내 것이라

차세대에게 가르쳐야 할 옷차림

남성과 여성의 복장을 구별하라

남성과 여성은 성염색체나 생식기와 근골격계와 호르몬 등 생물학적으로 차이를 보인다. 또한 남녀는 성품과 감성적인 면에서도 큰 차이점을 나타낸다. 성경은 남성과 여성의 구별을 중화(neutralization)하지 않는다. 오히려 복장과 헤어스타일 등을 통해 명료하게 구분하며 심지어 더 강화하고 있다.

> "여자는 남자의 의복을 입지 말 것이요 남자는 여자의 의복을 입지 말 것이라 이같이 하는 자는 네 하나님 여호와께 가증한 자이니라" 신 22:5

이 말씀은 크리스천의 옷차림에 있어서 중요한 방향성을 제시해 준다. 바로 복장에서도 남성과 여성이 구별되어야 한다는 점이다. 놀랍지 않은가. 이미 남자와 여자로 구별하여 창조하신 하나님이 옷차림에 있어서도 자기 성별에 맞게 외양을 갖추라고 말씀하시니 말이다.

남자와 여자가 서로 의복을 바꿔 입지 말라고 하신 말씀은 우리 삶에 어떤 영향을 끼치는가?

첫째, 남성과 여성의 성 역할이 뚜렷하게 다르다는 것을 분명히 한다. 이것은 성별 중립의 세상을 향해 돌격하는 젠더 이데올로기를 막아 내는 방파제 기능을 한다.

다음 그림은 공중화장실을 나타내는 세계 여러 나라의 픽토그램(pictogram)이다. 대개 남자는 바지를, 여자는 치마를 입고 있다. 이 그림을 보면, 세계 어느 곳을 가더라도 내가 들어갈 화장실을 한눈에 알아볼 수 있다. 남녀 복장에 관한 문화 규범이 사람들의 마음속에 자연스럽게 형성되어 있기 때문이다.

이와 반대로, 남녀의 구별을 깨뜨리려는 사람들은 남녀의 복장을 일부러 섞어 놓은 픽토그램을 사용한다.

_옷차림을 통해 성별을 나타내고 있다.[1]

너는 내 것이라

둘째, 남자와 여자가 서로 의복을 바꿔 입지 않고 자신의 성별에 맞는 복장을 취하는 것은 하나님이 금하시는 동성연애를 막는 방법의 하나로 작동한다.

성도라면 모두 알고 있듯이 성경은 신구약에 걸쳐 동성애를 금하고 있다(이 내용은 본서 2권에서 자세히 다룬다).

> "너는 여자와 동침함 같이 남자와 동침하지 말라 이는 가증한 일이니라" 레 18:22

> "이 때문에 하나님께서 그들을 부끄러운 욕심에 내버려 두셨으니 곧 그들의 여자들도 순리대로 쓸 것을 바꾸어 역리로 쓰며 그와 같이 남자들도 순리대로 여자 쓰기를 버리고 서로 향하여 음욕이 불 일듯 하매 남자가 남자와 더불어 부끄러운 일을 행하여 그들의 그릇됨에 상당한 보응을 그들 자신이 받았느니라" 롬 1:26-27

자신의 성별과 반대인 성별, 즉 이성의 몸짓과 태도와 외양을 취하면 자칫 동성인 상대방에게 성적인 혼란을 주어 동성연애로 빠질 수 있다. 전술한 바와 같이 경찰 복장이 그 사람을 경찰이라고 생각하게 만들 듯이 이성의 복장을 하고 있으면 이성으로 보이게 될 가능성이 자연히 높아지는 것이다. 따라서 남자와 여자가 서로 의복을 바꿔 입지 않고 자신의 성별에 맞는 복장을 취해야 한다. 이는 하나님이 금하시는 동성연애를 막는 방법의 하나로 작동한다.

셋째, 성경이 제시하는 남녀 복장의 질서를 잘 지키는 것은 현대에 만연하고 있는 트랜스젠더리즘(transgenderism)을 예방하는 기능을 한다. 구약 시대에는 성전환 수술이나 호르몬 요법이 없었으므로, 성전환의 시도는 복장도착증(transvestism)으로 나타나는 남녀 간에 의복이나 헤어스타일 바꾸기가 전부였다. 하나님은 복장도착을 통한 트랜스젠더리즘을 금하신 것이다.

_드래그 퀸(Drag queen)이 3세 아이에게 복장도착증이 정상이라고 가르치는 유치원 수업이 논란이 되었다 *2

마지막 때를 살아가고 있는 우리가 반드시 알아야 하는 것 중의 하나가 사탄은 기존 세상의 모든 구분을 허물어뜨리려고 시도한다는 것이다. 남자와 여자의 구분, 어른과 아이의 구분, 옳고 그름의 구분을 없앨 뿐만 아니라 서로 맞바꾸는 것도 가능하다는 등 질서 파괴를 일삼고 있다.

하지만 우리는 기존의 모든 구조를 해체하고, 무질서를 찬양하는 포스트모더니즘 시대를 살고 있다. 남녀 복장에 있어서도 그 영향이 뚜렷이 나타나고 있다. 남성이 여성의 옷을 입고, 여성이 남성의 옷을 입는 것이 하나의 스타일로 유행하고, 아예 남녀

너는 내 것이라

구별 없이 입는 중립적인 복장, 이른바 유니섹스(unisex) 스타일이 북유럽을 중심으로 퍼졌다. 기독교 국가의 도덕적 타락을 양산한 주범 중의 하나가 바로 복장 규범의 와해다. 도덕적 타락의 결과물이기도 하다.

그건 무지 오래된 옛날이야기 아닌가요?

(21세기 소년의 도전)

어떤 학생이 복장 도착 금지에 관해 목사님께 도전적으로 질문을 던졌다.

"하나님이 남녀 간에 의복을 바꿔 입지 말라고 한 건 신명기 말씀이잖아요. 신약 시대도 아니고, 구약 시대에 말씀하셨는데…. 무려 3천 년도 더 된 옛날이야기이니 현대에는 적용할 수 없는 것 아닌가요?"

목사님은 이렇게 답변해 주셨다.

"근친상간을 금하거나 동물과의 교접을 금하는 구절은 구약의 레위기에는 기록되었지만, 신약에는 직접적인 언급이 없지. 그러면 현세대에는 그런 것들을 해도 좋다는 말씀일까? 신약에서 음욕과 죄에 관해 다룬 구절들과 비교해 볼 때, 하나님은 여전히 근친상간이나 동물과의 교접을 기뻐하시지 않고 죄로 여기신다는 사실을 충분히 알 수 있단다."

목사님의 답변을 들은 학생은 이제야 알겠다는 듯이 고개를 끄덕였다. 옆에서 우리 이야기를 듣고 있던 다른 학생이 말을 거들었다.

"맞아요. 월경 중인 여성과 성관계를 하지 말라는 내용이 구약에는 여러 번 나오지만, 신약에서는 안 나온다고 해서 그 명령을 어겨도 되는 건 아닌 것 같아요. 무시해도 된다고 확신할 만한 구절 역시 신약에서는 찾지 못했으니까요."

이처럼 아이들에게 말씀을 바탕으로 가르치면, 진리를 잘 받아들일 뿐 아니라 그 자리에서 삶에 적용까지 하는 것을 볼 수 있다.

옷을 단정하게 입으라

"또 이와 같이 여자들도 단정하게 옷을 입으며 소박함과 정절로써 자기를 단장하고 땋은 머리와 금이나 진주나 값진 옷으로 하지 말고" 딤전 2:9

사도 바울은 디모데전서에서 '단정한 옷'을 입으라고 권면한다. 정숙하고 단정하게 차려입으라는 뜻이다.

'하의 실종'이라는 말이 유행한 지 오래다. 남녀 할 것 없이 하체를 심하게 드러낸 스타일의 복장을 일컫는 말인데, 갈수록 도가 지나쳐서 마치 하의를 안 입은 것처럼 보이기도 한다. 그러나 노출이 심한 의상은 이성에게 강한 성적 욕구와 음란함을 부추기게 된다는 것을 부정할 사람은 거의 없을 것이다.

남성이 여성보다 시각적인 유혹에 더 약한 것은 널리 알려진 사실이다(이 내용은 본서 2권에서 자세히 다룬다). 남성들은 신체 노출이 심한 여성을 보면, 직접 성추행까지 하지는 않더라도 시각적 자극에 넘어가 마음에 음욕을 품는 죄를 지을 수 있다. 시각적 죄악의 유혹에 넘어간 대표적인 성경 속 인물이 바로 다윗이다. 다윗 같은 위대한 인물도 우리야의 아내 밧세바가 목욕하는 모습을 보고 죄를 지었다(참조, 삼하 11:2). 음욕을 실행으로 옮긴 것은 명백한 간음죄다.

자기 몸이니 자기 마음대로 할 절대 불가침의 자유와 권리가 있다고 주장하는 사람들의 목소리는 갈수록 높아지고 있다. 그러나 단정한 옷을 입는 것만으로도 그리스도인의 참절제를 보여 줄 수 있다. 즉 노출할 자유와 권리를 내세우기 전에 그로 인해 시험에 들 수 있는 죄 앞에 약한 지체들을 배려하려는 마음을 품어야 할 것이다. 사도 바울도 믿음이 약한 자들을 배려하라고 권한다.

"그런즉 너희의 자유가 믿음이 약한 자들에게 걸려 넘어지게 하는 것이 되지 않도록 조심하라" 고전 8:9

이웃의 구원을 위해 자신의 권리를 기꺼이 내려놓는 것이 진정한 그리스도인의 자세다. 적어도 내가 입은 옷 때문에 이웃을 실족하게 하는 일은 없어야 할 것이다. 이것은 비단 교회 안에서만의 문제가 아니다. 세상에서는 더욱 큰 문젯거리가 된다.

"음욕을 품고 여자를 보는 자마다 마음에 이미 간음하였느니라" 마 5:28하

본인은 이성을 유혹할 의도가 전혀 없었다고 생각할지라도 퇴폐적인 미디어에 무의식적으로 동화된 내면이 자신도 모르게 복장으로 드러날 수 있다. 너무 깊게 파인 옷, 너무 짧은 하의, 심하게 달라붙는 옷, 속이 과하게 비치는 옷 등을 즐겨 입지 않도록 절제하는 센스가 필요하다.

교회와 가정에서 차세대에게 단정한 옷차림을 강조하여 가르치되, 성경이 제시하지 않은 것까지 과도하게 구체적으로 덧붙여 정죄하거나 극단적인 금욕을 강요해서는 안 된다. 민망한 노출 복장을 삼감으로써 죄 앞에 연약한 자들을 배려하는 마음을 실천할 수 있도록 이끌어 주는 정도가 적당하다.

_짧은 교복 치마를 단속해도 막무가내로 버티는 학생들이 많다 보니 지도하기가 너무 힘들다는 내용의 인터뷰다 *3

너는 내 것이라

과하게 멋 부리다가
건강을 잃기도

하체를 훤히 드러내 놓고 다니는 여성들을 보면, 민망한 것은 둘째치고 그들의 건강이 먼저 걱정된다. 노출하면 할수록 하체의 체온이 떨어지는 것은 당연한데, 이는 각종 질환의 원인이 되는 나쁜 습관이다. 혈액 순환에 장애가 생겨 어혈, 부종, 정맥류, 생리통 등이 생길 수 있다. 또 엉덩이와 허벅지 등의 피하 조직에 국소 대사성 질환이 생겨 셀룰라이트가 쌓일 수 있다.

필자가 약사로 일하던 시절에 월경 때마다 생리통 때문에 고생하며 진통제를 꼬박꼬박 사 가는 젊은 여성이 여럿 있었다. 그들 중 일부는 하의 실종 패션을 즐기던 여성들이었는데, 진통제를 건네주면서 찜질팩으로 아랫배를 따뜻하게 하고, 하체를 따뜻하게 보온해 주는 옷을 입어 보라고 조언했다. 빈혈이나 다른 질병은 없는지 병원에서 꼭 진단을 받아 보라는 권유도 빠뜨리지 않았다. 필자의 말을 듣고 그중 실제로 병원에서 검사를 받아 본 이들이 있었는데, 대부분 별 이상이 없는 것으로 진단되었다. 그런데 아랫배를 따뜻하게 하고 하의를 따뜻하게 챙겨 입은 사람 중 상당수가 얼마 후에 놀랍게도 생리통이 많이 완화되었다. 여성의 하체는 따뜻하게 유지해 주어야 한다는 사실을 확인하는 기회였다.

치마 안에 속바지를 받쳐 입는 작은 습관이 건강을 지켜 준다. "멋 부리다가 여름에 쪄 죽고, 겨울에 얼어 죽는다"는 말이 있다.

차세대가 신체 보호라는 의복의 기본 목적을 잘 파악하고, 하나님이 주신 육체를 스스로 잘 유지하고 보존할 수 있도록 교육해야 한다.

사치스럽지 않게, 검소한 복장을 취하라

옷차림과 헤어스타일이 자신의 부와 사회적 위치를 과시하는 수단이 되어서는 안 된다. 하나님이 맡기신 재물에 대한 책임, 즉 청지기의 마음가짐이 옷차림에서도 묻어나야 한다. 하나님이 내게 주신 신체와 재물에 감사하고, 그것으로 이웃을 실족하게 하지 않기 위해 몸과 마음을 낮추어야 한다는 사실을 자녀에게 가르치라.

사람이 자신의 외모를 아름답게 단장하려고 하는 것은 하나님이 주신 미적 감각에서 나오는 자연스러운 현상일 것이다. 하지만 가끔 교회에서 과소비가 느껴지는 무리수 복장으로 구설에 오르는 교인들이 더러 있다. 옷차림을 통해서도 원망과 시비가 일어날 수 있음을 수차례 보았다. 외모에 치중하다가 하나님이 보시기에 값진 마음의 상태를 오히려 놓칠 수 있음을 성경이 경고한다.

"너희의 단장은 머리를 꾸미고 금을 차고 아름다운 옷을 입는 외모로 하지 말고 오직 마음에 숨은 사람을 온유하고 안정한 심령의 썩지 아니할 것으로 하라 이는 하나님 앞에 값진 것이니라" 벧전 3:3-4

꼭 비싼 옷이나 새것이 아니라 하더라도 깨끗하고 수수하게 입으면 된다. 검소함이란 그런 것이다.

성경은 왜 '땋은 머리'를
하지 말라고 하나요?

성교육 강의를 하면서 자주 질문하는 내용 중 하나가 다음 성경 구절에 나오는 '땋은 머리'에 관한 것이다.

"또 이와 같이 여자들도 단정하게 옷을 입으며 소박함과 정절로써 자기를 단장하고 땋은 머리와 금이나 진주나 값진 옷으로 하지 말고" 딤전 2:9

오늘날은 땋은 머리를 죄로 여기는 사람이 없는데 왜 성경은 외모를 가꿈에 있어서 머리를 땋는 것과 더불어 금을 두르는 것과 좋은 옷으로 꾸미지 말라고 가르치고 있을까? '땋은 머리'로 번역된 헬라어 원문을 살펴보면, '땋은 머리'란 오늘날의 땋은 머리 스타일을 말하는 것이 아니다. 그 당시에 머리를 꾸미기 위해 보석, 진주, 금실 등 기타 비싸고 화려한 머리 장신구를 머리 사이에 섞어 넣어 화려한 헤어스타일로 연출하는 것을 말한다. 이런 헤어스타일을 연출하려면 많은 시간을 들여 치장을 해야 했고, 일종의 재물 과시의 수단으로 이용될 수 있었다.

현대를 살아감에 있어서도 이러한 현상은 교회 안에서 종종 관찰된다. 교회의 성가대로 섬기고 있는 한 집사님의 말이 마음에 남는다. "요즘 교회마다 TV 모니터로 예배 실황을 볼 수 있는데, 성가대원들이 찬양할 때 대원들의 얼굴을 확대하고 비추게 되면서 헤어스타일과 액세서리 등 패션에 신경이 많이 쓰여요. 저뿐만 아니라 다른 대원들도 마찬가지로 어느 순간부터 외모에 상당히 신경을 많이 쓰고 있어요. 심지어 한 권사님은 성가대 활동을 위해 성형에 쓸 돈을 모으고, 각종 귀걸이를 구입하기 시작했어요. 교회 안에서도 마치 연예인들처럼 그들의 화장과 헤어스타일을 따라가고 있는데, 은연중에 세상 문화의 영향을 받고 일반화하는 것 같아요"라며 그 집사님은 우려했다.

복장과 외모로 성도를 차별하지 말라

주님을 찬양하고 예배하러 모이는 교회가 자칫 사람을 의복으로 판단하여 차별하거나 자신의 부를 드러내는 기회로 여기는 장소로 악용되어서는 안 된다. 성경은 비싼 옷을 입은 지체와 허름한 옷을 입은 지체를 교회 안에서 차별하는 일이 있어서는 안 된다고 말한다.

> "내 형제들아 영광의 주 곧 우리 주 예수 그리스도에 대한 믿음을 너희가 가졌으니 사람을 차별하여 대하지 말라 만일 너희 회당에 금 가락지를 끼고 아름다운 옷을 입은 사람이 들어오고 또 남루한 옷을 입은 가난한 사람이 들어올 때에 너희가 아름다운 옷을 입은 자를 눈여겨보고 말하되 여기 좋은 자리에 앉으소서 하고 또 가난한 자에게 말하되 너는 거기 서 있든지 내 발등상 아래에 앉으라 하면 너희끼리 서로 차별하며 악한 생각으로 판단하는 자가 되는 것이 아니냐" 약 2:1-4

예배를 위해 늘 비싸고 좋은 옷 혹은 새 옷을 입을 필요가 없다. 그러나 단정하고 깨끗하게 입고자 노력해야 한다.

신부가 신랑을 위하여 단장하듯 거룩함을 옷 입으라

성경은 너무 화려하거나 사치스럽지 않은 단정한 아름다움을 추구하기를 권한다. 특히 여성들은 금이나 은으로 치장하지 말고, 값비싼 옷을 입지 말라고 가르친다. 물론, 남자들도 과한 치장을 해서는 안 될 것이다.

특별히 교회에서는 깨끗하고 단정한 차림으로 예배드리는 몸가짐이 중요함을 자녀에게 가르치라. 또 삶의 지성소인 일상생활에서도 절제된 옷차림으로 그리스도를 믿는 신앙을 나타낼 수 있도록 이끌어 주어야 한다.

예수 그리스도를 구주로 믿는 자는 이미 의롭다 하심을 얻었다. 은혜로 얻은 의다. 그러나 하나님은 우리가 이 땅에서 거룩하고 의롭게 살기를 원하신다. 이것이 바로 성화의 과정이다. 믿음은 성화의 첫 단계이며 성화는 궁극적으로 온전함을 목표로 한다. 예수님도 우리에게 "온전하라(Be perfect)"고 명하셨다(마 5:48).

성경은 외모의 아름다움보다는 내면에 있는 그리스도의 은혜와 성화에 관심을 더 기울일 것을 권한다. 성경이 어떤 옷차림을 하고, 어떻게 치장해야 할지를 구체적으로 지정하거나 금지하고 있지는 않다. 옷이나 장신구가 문제라기보다는 외모에 집착하는 마음이 문제라는 것이다.

'외모 지상주의'란 말은 현세대를 특징짓는 보편적인 용어가 되었다. 그러나 외모에 치중하다 보면, 막상 우리가 돌보고 신경

써야 할 것들을 놓쳐 버리기 쉽다. 또한 외모 지상주의 역시 내면의 성화를 방해하는 우상 숭배의 하나이므로 늘 경계해야 한다.

거룩한 제사장의 옷을 입을 날이 온다

시편 110편 3절에는 "주의 백성이 거룩한 옷을 입고"라는 표현이 나온다. 여기서 "거룩한 옷"이란 이 땅에서 우리 육신을 가리는 옷을 가리키는 게 아니다. 하나님 나라의 거룩한 백성이요 거룩한 제사장인 우리 신분을 '거룩한 옷'으로 드러냄을 말한다. "주의 권능의 날에" 우리는 드디어 완성된 신분을 갖게 되는 것이다. 이것은 주님이 우리에게 입혀 주시는 옷이다.

세상의 외모 지상주의와 화려함에서 눈을 돌려 우리에게 거룩한 옷을 입혀 주실 우리 주 예수 그리스도를 앙망하고, 평생 "신부가 남편을 위하여 단장(계 21:2)"하는 마음가짐으로 주님 오실 날을 기다리자.

"주의 권능의 날에 주의 백성이 거룩한 옷을 입고 즐거이 헌신하니 새벽 이슬 같은 주의 청년들이 주께 나오는도다" 시 110:3

"성경적인 옷차림을 하라"
Activity

절제와 조절은 인간의 의식주 부분 중 먹는 것에 대한 영역, 즉 식(食)의 문제에만 필요한 미덕이 아니다. 옷을 입는 것, 즉 의(衣)의 분야에도 필요하다. 노출할 자유와 권리를 내세우기 전에 그로 인해 시험에 들 수 있는 지체들, 죄 앞에 약한 지체들을 배려하려는 마음을 품어야 한다는 의미다.

그리스도인 남녀는 너무 깊게 파인 옷, 너무 짧은 하의, 심하게 달라붙는 옷, 속이 과하게 비치는 옷 등을 절제하는 센스가 필요하다. 자녀들과 과도하게 짧은 하의를 입을 때 어떤 문제점이 있을지 생각하고 나누어 보자.

하의 실종 패션에 대하여

▪ 하의 실종 패션에 대해 긍정적인가, 부정적인가?

▪ 만약 내 가족 중 하의 실종 패션을 즐기는 사람이 있다면 어떨 것 같은가?

▪ 그렇다면 적절한 노출 수위는 어디까지라고 생각하는가?

▪ 하의 실종 패션이 건강에는 어떤 영향을 미칠까?

▪ 하의 실종 패션으로 다닐 때 더욱 민망하게 여길만한 장소는 어디일 것 같은가?

이제 세상은 인권 혹은 자기 성적 결정권의 이름으로 성적 방종을 법제화하고 있다. 무질서의 보편화, 기독교적 구조의 해체는 사회·정치·경제·문화 모든 영역에서 깊고 굵게 뿌리를 뻗어가고 있다.

사탄은 우리 세대에게 속삭인다. "너의 주인은 바로 너 자신이야. 그 누구도 너를 대신하지 못하지. 그 누구도 믿지 말고 너 자신을 믿고 온전한 주인 행세를 하다가 인생을 마감하거라."

우리의 인생이라고 하는 중요한 선박의 선장 자리에 불완전하고 죄투성이인 내가 주인 노릇하는 것이 망조임을 알아야 한다. 이 선박의 선장 자리에는 무오하고 실수가 없으시며 정확한 도착점까지의 항로를 아시고 나 자신보다도 나를 더 사랑하시는 예수님이 서 계셔야만 한다. 예수님이 그 자리에서 키를 잡고 서 계실 때 바다에 폭풍우가 몰아쳐도 우리는 세상이 줄 수 없는 평안을 누리며 잠잘 수 있다.

그러나 스스로 자신의 삶에 주인 노릇을 자처할 때 그 배는 어디로 갈지 자신도 모른다. 결국 바다가 평안하고 파도가 잔잔하다 해도 온전하지 않은 우리가 주인 노릇할 때는 참된 평안도, 진리에 도달함도 없다.

우리가 누구의 것인가.

온전하지 않은 나의 것인가. 아니면 전지전능하시고 천지만물을 창조하시며 나를 사랑하사 이 땅에 성육신하고 오셔서 나를 위해 대신 죽고 부활하시기까지 사랑하신 하나님의 것인가.

나를 위해 죽어 주시기까지 사랑한 하나님이 스스로 나의 주인이 되어 주셨다. 나보다 나를 더 잘 알고 나를 나보다 더 사랑하는 그 전능하신 하나님, 독생자를 보내기까지 사랑하신 그분이 내 영혼육의 주인이 되어 주셨다. 이 사실은 우리 모두의 삶의 영역에서 인정되어야 하며 성령 안에서 역사 되어져야 한다. 이 질서는 성가치관에 있어서도 동일하게 적용된다.

매스미디어와 교육, 모든 영역에서 세상은 불완전한 우리 자신을 스스로 신이라 섬기고 주인 삼으라고 끝없이 도발하지만 성경은 너무나 단호하게 우리를 안도케 하는 말씀을 주셨다.

두려워하지 말라고.

우리는 하나님의 것이라고.

너는 두려워하지 말라

내가 너를 구속하였고

내가 너를 지명하여 불렀나니

너는

내 것이라

(사 43:1하)

주석

■

1장 성경적 성교육을 위한 소통과 준비

*1 테드엑스 강연, "소아성애는 이성애와 마찬가지로 바꿀 수 없는 '성적 지향'이다"
https://www.youtube.com/watch?v=-dcesCK0mAk&app=desktop
*2 Catholicism, 'Homofascism', https://catholicism.org/homofascism.html
*3 베이비뉴스, "이른둥이의 건강 회복을 위한 '캥거루 케어'" https://www.ibabynews.com
*4 동아일보, "'어릴 때 무시 · 박탈감 느끼면 뇌 발달에 지장' 英연구 결과" http://www.
donga.com/news/article/all/20200107/99114134/1
Nigel Holt, Rob Lewis, etc., 《Crown House AQA Psychology: AS level and year 1》(2015)
https://books.google.co.kr/books?id=x__ICgAAQBAJ&pg=PA80&lpg=PA80&dq=ORPHAN
+IQ+4+MONTH+90+++109+ADOPTION&source=bl&ots=UUkCkEobt5&sig=ACfU3U
1DkF4l6dYnsJt0bnM0Zk6ISB16NA&hl=ko&sa=X&ved=2ahUKEwiKurDVoNroAhXnDaYK
HaCYB0EQ6AEwCnoECAsQKw#v=onepage&q=ORPHAN%20IQ%204%20MONTH%20
90%20%20%20109%20ADOPTION&f=false
*5 중앙일보, "아빠의 손길, 엄마의 포옹은 자녀 뇌 · 혈관 돌보는 '보약'" https://news.joins.
com/article/22285522 [미국 심신의학회, 2003(인용)]
*6 중앙일보, "아빠의 손길, 엄마의 포옹은 자녀 뇌 · 혈관 돌보는 '보약'" https://news.joins.
com/article/22285522
*7 워싱턴 중앙일보, "[상한 마음의 치유] 애착이론" http://www.koreadaily.com/news/read.
asp?art_id=5916764
*8 서울대학교병원 네이버 포스트, "신체적 접촉(스킨십)이 사랑할 줄 아는 어른으로 키
워준다" https://m.post.naver.com/viewer/postView.nhn?volumeNo=14589748&member
No=3600238
*9 갓톡, "북한 성도가 필사한 성경" http://www.godntalk.com/best/19772

2장 미디어와 차세대

*1 연합뉴스, "〈타임머신〉 1980년대 컴퓨터 끝판왕" http://oh.yna.co.kr/publish/2015/03/25/
YNO20150325084400039.html

*2 YTN, "SNS 아동 유포자 검거…초등생이 30%" https://www.ytn.co.kr/_
ln/0103_201410301202271514

*3 Lee, S. S.(2009), A study on motives and control factors of youth's malicious messages on
internet bulletin boards. Korean Criminological Review, 20(3), 191-212.

*4 돈 탭스코트, ≪디지털 네이티브≫(비즈니스북스, 2009), 150-190쪽.

*5 The Conversation, "Watching pornography rewires the brain to a more juvenile state" https://
bit.ly/2WwxV8j

Porn use has been correlated with erosion of the prefrontal cortex — the region of the brain that
houses executive functions like morality, willpower and impulse control. To better understand the
role of this structure in behaviour, it's important to know that it remains underdeveloped during
childhood. This is why children struggle to regulate their emotions and impulses. Damage to
the prefrontal cortex in adulthood is termed hypofrontality, which predisposes an individual to
behave compulsively and make poor decisions.

*6 '라스' 박지윤 "'성인식', 선정적일 거라 생각 못 해" http://m.news.zum.com/
articles/9525225

*7 여성가족부의 '2016 청소년 매체 이용 및 유해환경 실태조사' http://www.mogef.go.kr/
mp/pcd/mp_pcd_s001d.do?mid=plc505&bbtSn=704736

*8 South African Journal of Information Management(Vol. 1 No.(2/3) September 1999) "Today's
information industry: applications and trends on the Internet" David Raitt(Editor, The Electronic
Library Chairman)

*9 CovenantEyes, Porn Starts(2015 edition) https://www.bevillandassociates.com/wp-content/
uploads/2015/05/2015-porn-stats-covenant-eyes-1.pdf

*10 여성가족부의 '2016 청소년 매체 이용 및 유해환경 실태조사'

*11 머니투데이, "자기 몸 찍어 SNS에 올린 여중생 "팔로워 늘리려고…" https://m.mt.co.kr/renew/
view.html?no=2014103011255647263#_enliple

주석   227

*12 조선일보, "32개국 공조해 아동음란물 이용자 310명 검거···한국인이 223명" http://news.chosun.com/site/data/html_dir/2019/10/17/2019101700263.html?utm_source=naver&utm_medium=original&utm_campaign=news

*13 동아일보, "'다크웹' 아동음란물 사이트 32개국 이용자 310명 적발··· 한국인 223명 불구속 입건" http://www.donga.com/news/article/all/20191017/97912727/1

*14 전자신문, "유해사이트, 하루 1600개씩 증가···세계 563만개 유해사이트 중 98.5%가 음란사이트" https://m.etnews.com/201207310332?obj=Tzo4OiJzdGRDbGFzcyI6Mjp7czo3OiJyZWZlcmVyIjtOO3M6NzoiZm9yd2FyZCI7czoxMzoid2ViHRvIG1vYmlsZSI7fQ%3D%3D

3장 음란물과 전쟁하라

*1 대법원 2014. 6. 12, 선고, 2013도6345 판결, http://www.law.go.kr/precInfoP.do?mode=0&evtNo=2013%EB%8F%846345

*2 대법원 2008. 3. 13, 선고, 2006도3558 판결, http://www.law.go.kr/precInfoP.do?mode=0&evtNo=2006%EB%8F%843558 음란물 유포의 범위 및 처벌기준, http://easylaw.go.kr/CSP/CnpClsMain.laf?popMenu=ov&csmSeq=901&ccfNo=2&cciNo=1&cnpClsNo=1

*3 행정안전부, 보도자료 "음란물 본 청소년 5% '성추행·성폭행 충동 느껴'" https://www.mois.go.kr/frt/bbs/type010/commonSelectBoardArticle.do?bbsId=BBSMSTR_000000000008&nttId=29170

*4 네이버 지식인(2011. 7. 25.) http://bit.ly/3blibcL

*5 시사저널, "급증하는 학생 간 성폭력, 빨간불 들어온 청소년 성(性) 의식" https://www.sisajournal.com/news/articleView.html?idxno=156191

*6 한국콘텐츠학회 논문지(2011년 11월), '고등학생들의 사이버 음란물 접촉과 성범죄와의 관계성 분석' https://www.dbpia.co.kr/journal/articleDetail?nodeId=NODE01648988

*7 EBS '다큐프라임-아이의 사생활'(2009년), '포르노-공격성 연관성 실험' https://blog.naver.com/biblicaleducation/221918636623

*8 코메디닷컴, "성폭력은 뇌가 오작동한 결과? : 쥐 실험, 뇌의 시상하부가 성욕-폭력성 조절" http://bit.ly/3dbCGtW

*9 EBS '다큐프라임-아이의 사생활' 두 번째 이야기 〈제1부 사춘기〉 편 https://blog.naver.

com/biblicaleducation/221918636623

*10 한국콘텐츠학회 논문지(2011년 6월), '고등학생들의 사이버 음란물 접촉과 성범죄와의 관계성 분석' https://www.dbpia.co.kr/journal/articleDetail?nodeId=NODE01648988

*11 한국학교보건학회지(J. of Korean Soc. of School Health) 제20권 제2호(2007년 12월), 59쪽, "일부 대학생들의 인터넷 음란물 접촉과 성행동"(극동정보대학 간호과 이인숙, 수원과학대학 간호과 조주연) bit.ly/2xbBeHm

*12 브레인미디어, "뇌는 무얼 하든 상관없다. 그저 쾌감을 원할 뿐!" http://www.brainmedia.co.kr/BrainScience/13064

Olds, J., & Milner, P., *Journal of Comparative Psychology and Physiological Psychology,* 47(6), "Positive reinforcement produced by electrical stimulation of septal area and other regions of rat brain", 419-27. https://psycnet.apa.org/doiLanding?doi=10.1037%2Fh0058775

*13 중앙일보, "'야동' 밝히는 사람, 기억력 뚝뚝 떨어진다" https://jhealthmedia.joins.com/article/article_view.asp?pno=15862

MailOnline(영국), "Viewing online pornography 'can make you lose your memory'" http://dailym.ai/2IWBsVH

Christian Laier, *The Journal of Sex Research*(Vol. 50, 2013-Issue 7) "Pornographic Picture Processing Interferes with Working Memory Performance" https://www.tandfonline.com/doi/full/10.1080/00224499.2012.716873

PubMed.gov, Huynh HK etc., "High-intensity erotic visual stimuli de-activate the primary visual cortex in women" [단기 기억력(working memory) 상실이 일어나는 이유를 알 수 있는 선행 연구가 있었는데, 여성들이 에로틱한 영화를 볼 때에 성적 흥분 시에 뇌에 혈류가 재구성되는 현상이 있었음] https://www.ncbi.nlm.nih.gov/pubmed/22489578

*14 PLOS(July 11, 2014), "Neural Correlates of Sexual Cue Reactivity in Individuals with and without Compulsive Sexual Behaviours" https://journals.plos.org/plosone/article?id=10.1371/journal.pone.0102419

*15 나우뉴스, "포르노 중독자 뇌 반응 알코올 중독자와 같아" https://nownews.seoul.co.kr/news/newsView.php?id=20130923601002

*16 중앙일보, "'야동' 밝히는 사람, 기억력 뚝뚝 떨어진다" https://jhealthmedia.joins.com/article/article_view.asp?pno=15862

MailOnline(영국), "Viewing online pornography 'can make you lose your memory'" http://dailym.ai/2IWBsVH

*17 Simone Kühn, *Original Investigation*(July 2014), "Brain Structure and Functional Connectivity

Associated With Pornography Consumption: The Brain on Porn" https://jamanetwork.com/journals/jamapsychiatry/fullarticle/1874574

*18 전자신문, "포르노 좋아하다가는…뇌가 쪼그라든다" https://m.etnews.com/201508170000
23?obj=Tzo4OiJzdGRDbGFzcyI6Mjp7czo3OiJyZWZlcmVyIjtOO3M6NzoiZm9yd2FyZCI7cz
oxMzoid2ViIHRvIG1vYmlsZSI7fQ%3D%3D

*19 Dailymail(재인용) "Viewing porn shrinks the brain: Researchers find first possible link
between viewing pornography and physical harm" https://www.dailymail.co.uk/sciencetech/
article-2642712/Does-watching-porn-make-LAZY-X-rated-content-shrink-region-brain-
linked-motivation-study-claims.html

*20 Medical Daily, "Pornography Shrinks Brain Areas Associated With Motivation: Does
X-Rated Media Make You Lazy?" https://www.medicaldaily.com/pornography-shrinks-brain-
areas-associated-motivation-does-x-rated-media-make-you-lazy-285298

*21 MailOnline, "Watching porn rewires the brain to a more juvenile state, neuroscientist warns"
https://www.dailymail.co.uk/health/article-7736569/Watching-porn-rewires-brain-juvenile-
state-neuroscientist-warns.html

*22 신경조절물질(neuromodulatr)과 신경전달물질(neurotransmitter)은 구별해서 사용해야 하는
용어이나 신경조절물질을 광의의 신경전달물질로 보기도 한다.

*23 시사저널(1590호), "중독은 '나쁜 습관' 아닌 뇌 질환" http://www.sisajournal.com/news/
articleView.html?idxno=79957

*24 Philip Zimbardo etc., 《Man Disconnected: How technology has sabotaged what it means to
be male》(2015) https://amzn.to/2vG0oOb

테드 강의(2011.3) "The demise of guys?" https://www.ted.com/talks/philip_zimbardo_the_
demise_of_guys?language=en

Philip Zimbardo etc., 《The Demise of Guys: Why Boys Are Struggling and What We Can Do
About It》(2012) https://amzn.to/33zZ0Jv

*25 이데일리, "女친 옆에 있어도 '야동' 보고 싶다던 중독男 결국엔…" https://www.edaily.
co.kr/news/read?newsId=01613766609368264&mediaCodeNo=257

*26 Slate, "Straw man" https://slate.com/technology/2015/05/philip-zimbardos-man-disconnected-
claims-porn-internet-are-destroying-men.html

*27 Your Brain on Porn, "Research confirms sharp rise in youthful sexual dysfunctions"(음란물
과 젊은 층의 발기 부전에 대한 장기연구 : 90년대 5%에서 2010년 이후 30% 이상까지 증가) https://bit.
ly/3diKV7F

*28 헬스조선, "음란물 보며 자위하면 발기부전 위험 증가"
http://health.chosun.com/news/dailynews_view.jsp?mn_idx=185616

*29 Park BY, etc., PubMed.gov.(2016. 8) "Is Internet Pornography Causing Sexual Dysfunctions? A Review with Clinical Reports" https://www.ncbi.nlm.nih.gov/pubmed/27527226

*30 ZDNet Korea, "미혼남 야동 주의보 '자주 보면 간 손상'" http://www.zdnet.co.kr/view/?no=20120416165852

*31 브레인미디어, "성행위와 사랑을 조절하는 뇌 호르몬" https://www.brainmedia.co.kr/BrainScience/215

*32 월간조선(2012. 06) "누가 어떻게 포르노 중독에 빠질까" https://bit.ly/396ABvZ

*33 Samuel L. Perry, *Original Paper*(2016.7.7.) "Does Viewing Pornography Reduce Marital Quality Over Time? Evidence from Longitudinal Data" https://bit.ly/3aa84qV

*34 Nathaniel M. Lambert, etc., *Guilfored Press*(2012, Vol. 31, Iss. 4) "A Love That Doesn't Last: Pornography Consumption and Weakened Commitment to One's Romantic Partner" https://bit.ly/2QBPgZU

*35 2002년에 영상물등급위원회가 월드리서치에 의뢰해 전국 15세 이상 남녀 1,500명을 대상으로 '영상물 등급 분류에 대한 제3차 국민 여론 조사'

*36 남녀 관계의 완성을 부부 관계라는 틀에서 이성 교제 교육 시간에 이 내용을 전하면 많은 사람이 동의할 것이다.

*37 문화체육관광부, "정책 브리핑: 청소년 성인물 이용 실태 조사 결과" http://www.korea.kr/news/policyBriefingView.do?newsId=148736856

*38 동아일보, "[김영화의 성교육]음란물 중독의 4단계" http://www.donga.com/news/View?gid=53681933&date=20130314

Catholic News Agency, "Pornography's Effects on Adults and Children"(빅터 클라인의 에세이 요약) https://bit.ly/33DArLO

빅터 클라인의 에세이 전문(2001년 pdf 버전) https://bit.ly/3992Qdx

위키피디아 "Victor Cline" https://en.wikipedia.org/wiki/Victor_Cline

*39 중앙일보, "통영 살해범 PC서 야동 70개 나와" https://news.joins.com/article/8844771

*40 조선일보, "'수원 살인범' 오원춘 휴대전화에는 음란 사진 700장이" http://news.chosun.com/site/data/html_dir/2012/04/26/2012042601609.html

*41 동아일보, "검찰, "음란물 보고 범행 계획"…김수철 구속기소" https://bit.ly/2J44h2n

*42 한겨레, "정씨 '스너프(잔혹·살해)' 동영상에 영향 받아" http://www.hani.co.kr/arti/society/society_general/281245.html

*43 조선일보, "[내 딸이 위험하다] 아이들이 아이들 성폭행… '어린 가해자' 해마다 늘어" https://kim111.tistory.com/?page=237

*44 애국.com, '1인 시위자들 사진들 모음.' https://0815.or.kr/kor/9611

*45 EBS '다큐프라임-아이의 사생활'(2009년), '포르노-공격성 연관성 실험' https://m.terms.naver.com/entry.nhn?docId=2441878&cid=51642&categoryId=51646

*46 "청소년 음란물 차단 캠페인 영상" https://youtu.be/6ULTeKg6VV0

*47 박나래(이화여자대학교 일반대학원 사회복지학과) 외, "부모의 양육 태도가 청소년의 악성 댓글 작성과 음란 사이트 열람에 미치는 영향: 성별 차이를 중심으로"(The Effect of Parenting Attitudes on Writing Vicious Internet Replies andthe Viewing of Internet Pornography : With a Focus on Gender Differences) http://kiss.kstudy.com/thesis/thesis-view.asp?key=3319501

*48 Main, M., Kaplan, N., & Cassidy, J. *Monographs of the Society for Research in Child Development*(1985), "Security in infancy, childhood, and adulthood: A move to the level of representation" 50, 66-104.

*49 Jang, H. S., *The Korean Journal of the Human Development*(1997), "The attachment, self-esteem and self-efficacy in adolescence", 4(1), 88-106.

*50 박나래(이화여자대학교 일반대학원 사회복지학과) 외, "부모의 양육 태도가 청소년의 악성 댓글 작성과 음란 사이트 열람에 미치는 영향: 성별 차이를 중심으로"(The Effect of Parenting Attitudes on Writing Vicious Internet Replies andthe Viewing of Internet Pornography : With a Focus on Gender Differences)

4장 성경적인 옷차림을 하라

*1 소스: 픽사베이 https://pixabay.com/illustrations/bathroom-signs-men-wc-woman-4812643/

*2 서울신문, "3살 아이에게 '성소수자' 가르치는 英 유치원 수업 논란" https://news.naver.com/main/read.nhn?mode=LSD&mid=sec&oid=081&aid=0002868818&sid1=001

*3 SBS '모닝와이드' 방송 화면 캡처, https://www.instiz.net/pt/4014339?frompc=1

너는 내 것이라